잘 실패하는 법

How to Rise from Failure

'잘 성공하는 법'을 위한 입문서

잘 실패하는 법

How to Rise from Failure

장석정 지음

국학자료원

서문

잘 실패하는 법

이 책은 사실 '잘 성공하는 법'을 위한 입문서라고 할 수 있다. 모든 사람들이 갈망하는 성공적인 인생을 살려면 어떻게 해야 하는 지를 알려주는 일종의 안내서라고도 말할 수 있겠다. 그럼에도 불구하고 책의 제목은 "잘 실패하는 법"이라고 붙인 것은 나름대로 분명한 이유가 있다. 최종적인 성공을 맛보기 위해 달려가는 길에는 우리를 넘어뜨리려고 도사리고 있는 무수히 많은 '실패'의 걸림돌이 있고, 이것에 걸려 넘어지는 경우가 종종 생기게 된다. 그리고 예외 없이 누구나 적어도 몇 번씩은 이렇게 '실패'를 경험하게 되고 좌절하거나 낙담하게 되는 것이 사실이다.

따라서 인생의 필수적인 과정으로서의 '실패'는 그저 나쁜 기억으로 치부해 버리고 잊어버려야 하는 대상이 아니라, 오히려 그 실패는 우리가 "잘 실패해야 하는 친구"처럼 공존해야 하는 동료가 되어야 한다. 부정적인 개념으로서의 '실패'는 우리가 잘 실패하게 되면 긍정적인 '실패'로 변하게 된다. 그래서 이렇게 긍정적인 실패들은 우리를 더 강하게 만들고 똑같은 실패를 하지 않도록 도와준다. "잘 실패하는 법"은 실패를 경험한 모든 사람들이 실패와 이어지는 부정적인 사슬을 끊어버릴 수 있는 원동력을 제공해 주게 되며, 궁극적으로 성공적인 삶을 영위할 수 있는 기초를 닦아주는 것이다.

필자는 대학에서 학생들을 가르치면서 학생들에게 필요한 것이 무엇일까를 늘 고민해 왔다. 특히 우리 대학처럼 지방에 있는 대학에 들어온 학생들은 입시라는 살벌한 전쟁터에서 다양한 '실패들'을 경험했다. 그래서 그들의 얼굴에 서려있는 열등감과 실망과 좌절들을 자주 목격할 수 있었다. 그렇지만 우리 대학 학생들은 결코 '실패자들'이 아니다. 이들은 엄청나 잠재력을 가졌고 대학교 4년 동안 이 잠재력을 실력으로 바꾸기만 하면 우리 사회를 이끌어갈 귀중한 인재들로 쓰임을 받기에 충분한 능력자들이다. 이렇게 이 학생들을 실력자들로 만드는 일이 우리 교수들에게 주어진 막중한 의무이자 책임이라고 필자는 생각한다.

6년 전인 2018년에 "잘 실패하는 법"이라는 교양과목을 처음으로 개설하고 학생들에게 어떻게 하는 것이 잘 실패하는 법인지를 가르쳐왔다. 이 강의에서 필자가 강조했던 내용들을 중심으로 이 책의 원고를 집필하게 되었다. 물론 학생들에게는 이 책이 강의를 위한 교재로 사용될 수 있겠지만, 일반 사회인들에게는 삶의 지침서로서의 역할도 넉넉히 할 수 있을 것이라는 생각으로 출간하게 되었다. 결국 학생들이나 사회인이나 모두 인생이라는 험한 길을 걸어가다 보면 만나게 되는 많은 실패들이 그들을 좌절하게 하고 힘 빠지게 만든다. 그렇지만 이 책에서 말하는 잘 실패하는 법을 터득해서 더 이상 '실패자'처럼 낙심하지 말고 오히려 성공적인 삶을 살아가기를 간절히 염원해 본다.

목차

제1장
잘 실패해야 성공할 수 있다

제2부
사례로 보는 잘 성공하는 법

제3부
잘 실패하는 법, 잘 성공하는 법

제1부

잘 실패해야
성공할 수 있다

성공이란 무엇인가?

성공하는 법에 관한 책들이 홍수를 이루는 시대다. 누구나 성공하기를 원한다. 그런데 성공하는 법을 모른다. 그런 방법이 있을까? 정답은 당연히 "있다."이다.

먼저 과연 자신이 생각하는 "성공"이 무엇인가? 이 질문에 대한 답을 찾아야 한다. 돈을 많이 버는 것? 권력을 손에 쥐는 것? 물론 이 두 가지는 함께 가는 것일 수도 있다. 일단 각자가 생각하는 "성공"에 대해서 정리해 두고, 이제 이 책을 읽어보자. 그리고 나중에 저자에게 알려주기 바란다. 자신이 생각한 대로 성공했는지. 궁금하니까.

미국의 대학에서 개설되는 수많은 강의들 중에서 유독 눈에 띠는 것이 있다. 강의 제목은 "How to fail well?"이다.

번역하면 당연히 "어떻게 잘 실패하는가?"정도가 될 것이다. 여러분이 지금 잘못 읽은 것이 아니다. 어떻게 실패를 잘할 수 있는가를 배우는 과목이다. 우리들의 일반적인 정서로는 이해하기가 힘든 과목이라고 하겠다.

어떤 사람이 "아, 오늘 난 잘 실패했어!"라고 말했다면 사람들은 그를 약간 정신 나간 사람으로 간주할 것이다. 오늘날 서점에 가보면 가장 많이 보이는 책들은 소위 성공하는 법에 대한 것들이다. 즉, 무엇인가를 잘 할 수 있는 방법에 대한 것이라는 말이다. "주식 투자에서 성공하는 법", "토익 만점의 성공 비결", "인간관계의 성공 방법" 등등이다. 결국 성공에 대한 책들이다.

우리는 누구나 성공하고 싶어 한다. 당연한 희망사항이다. 남보다 빨리 크게 성공해서 더 많은 돈을 벌고, 그래서 떵떵거리며 살고 싶어 한다. 요즘 인기를 끄는 유투브 방송 진행자들이 억대의 수입을 올린다는 말에 필자도 귀가 솔깃해지는 것이 사실이다. "나도 유투브 방송을 시작해 볼까?" 하고 말이다.

이 책을 읽는 여러분들도 성공하고 싶을 것이다. 단 한 사람도 실패하고 싶지 않을 텐데, 이때 반드시 한 가지 꼭 기억해야 하는 것이 있다. 그것은 "잘 실패하라"는 것이다. 무슨 말인가? 성공 대신에 실패를 하라는 말이 아니다. 오해하면 안 된다. 실패하라는 것이 아니라, 실패를 '잘' 하라는 것이다. 이건 또 무슨 말인가?

살다보면 누구나 실패를 한다. 실패 한 번 없이 여태까지 살아온 사람이 있다면 그는 사람이 아니라, 신이다. 이렇게 누구나 실패를 경험하면서 살아가는 것이 이치라면, 실패했을 때 잘 실패하라는 말이다. 그래야 궁극적으로 성공할 수 있다.

이 책을 집어 들고 첫 장을 읽은 당신은 이미 반은 성공한 셈이다. 시작이 반이라는 말이 있는 것처럼, 당신은 이 책 읽기를 시작했으니 반은 읽은 것이나 다름이 없고, 반을 읽었다면 잘 실패하는 법을 반 쯤 배운 것이라고 할 수 있다. 따라서 반은 성공한 것이라는 말이다. 잘 실패하면 성공할 수 있기 때문이다.

설령 어떤 일에서 실패를 맛보았다고 해도, 자신이 스스로 실패자라고 단정해 버리지 말아야 한다. 자기 스스로 실패자라고 생각하는 순간, 당신은 정말로 실패자가 되는 것이며, 이런 당신을 어느 누구도 도와줄 수가 없다. 모든 조언들은 무용지물이 되고 만다. 그래서 혹자는 이렇게 말했다. "실패는 있어도 실패자는 없다." 실패했을 때 여러분은 실패자가 되는 것이 아니라, 실패를 한 번 경험한 것에 불과하다는 사실을 꼭 기억하기 바란다.[1]

그리고 그 실패의 경험은 다음번에는 그런 실패를 하지 말아야 한다는 가르침을 준다. 즉, 다음에는 다른 방법으로 시도해 보게 된다는 말이다. 이전에 했던 시도는 실패하게 된다는 것을 배웠기 때문이다. 따라서 실패는 우리에게 하나의 교육 과정이 되는 셈이다. 이런 의미에서 많이 실패하라! 그래서 많이 배우라! 많이 실패할수록 많은 것을 배울 수 있다. 그전에 했던 방법대로 하면 안 된다는 것을 몸소 체험하게 되는 것이다.

1　페팽은 "실패한다고 해서 패배자가 되는 것은 아니다"라고 말하고 있다. 샤를 페팽, 허린 옮김, 『실패의 미덕』(서울: 마리서사, 2018), 113.

실패란 무엇인가?

"실패하라!" 여러분들이 지금까지 살아오면서 이런 말을 들어본 적은 거의 없을 것이다. 누가 이런 말을 해 주나? 부모님이나 학교 선생님은 절대로 이런 말을 하지 않았다. 단 한 번도. 오히려 그 반대로 이야기 하는 것은 많이 들으면서 자랐다. "실패하지 마라!" "성공해야 한다!" 그렇지만 나는 여러분들에게 말한다. "실패하라!" 그것도 아주 많이 실패하라고 말이다. 물론 같은 실패를 반복해서 하라는 말은 아니다. 다양한 실패를 경험해 보라는 이야기다.

이렇게 다양한 실패를 해 보려면, 우선 다양한 시도들을 해 보아야 한다. 시도를 해 보지 않으면 실패도 없다. 그러나 이런 여러 가지 시도들을 해보지 않았기 때문에, 실패를 하지 않고 지금까지 살아왔다면, 그 인생은 참으로 "실패한 인생"이다. 복권을 사지 않으면 절대로 당첨될 수 없는 것처럼, 시도를 하지 않으면 절대로 실패하지 않기 때문이다.

남아프리카 공화국의 최초 흑인 대통령이었던 넬슨 만델라는 대통령이 되기 전 27년 동안이나 교도소에 갇힌 이력이 있다. 인권운동가로서 혹독한 시련을 체험한 셈이었다. 그는 이렇게 말했다.

"나는 절대로 지지 않는다. 나는 이기거나 배운다."[2]

만델라가 보기에 패배는 진 것이 아니다. 단지 이기기 위한 방법들을 배운 것일 뿐이다. 그렇다. 나도 최근에 논문을 학술지에 투고했다가 게재되지 못하고 "대폭 수정 후 재심" 판정을 받은 적이 있다. 논문에 대한 심사결과를 알려주는 이메일을 보는 순간 난 "실패"했다고 느꼈지만, 잠시 후에 생각을 고쳐먹었다. 수정하라는 설명대로 수정해서 다시 투고하면 다음번에는 게재될 수 있는 가능성이 높다는 생각을 하게 되었다. 그러자 갑자기 내 마음이 편해졌다. 비록 한 번 실패했지만, 실패자가 된 것은 아니기 때문에 난 성공자

2   샤를 페팽, 허린 옮김,『실패의 미덕』(서울: 마리서사, 2018), 79.

로 남을 수 있었다. 이 책을 읽는 여러분들도 그렇게 될 수 있다. 우리는 결코 실패자가 되지 않는다. 다만 한 번의 실패를 경험하고 거기서 다음에 이길 수 있는 방법을 배우는 것일 뿐이다.

잘 실패하라!

이건 무슨 말인가? 일단 실패하라는 것도 마음에 들지 않는데, 거기다가 잘 실패하라고 한다. 도대체 어떻게 하는 것이 잘 실패하는 것인가? 그 정답은 바로 실패를 소중한 경험으로 여기는 마음이다. 그렇게 하면 안 된다는 걸 배운 것이다. 다음에는 다른 방법을 택해야 한다는 걸 몸으로 배운 것이다. 이렇게 생각하는 것이 바로 "잘 실패하는 법"인 것이다. 인생에서 실패는 모두에게 일어나는 일이다. 단지 그 실패를 어떻게 이해하고 받아들이는가에 따라서 차이가 생기는 것이다.

일찍 실패하라![3]

인생의 이른 나이에 실패해야, 수정할 수 있는 시간이 주어질 수 있다.[4] 실패를 격려해주는 문화가 필요하다고 하겠다. 누가 실패했을 때, 그를 비난하고 핀잔을 주는 것이 아니라, 오히려 잘 실패했다고 말해주고, 다음번에 성공할 수 있는 가능성이 더 높아졌다고 용기를 주는 분위기가 되어야 한다.

또한 충분히 실패하라! 이것저것 재지 말고 무조건 일단 도전하고 보라. 무모한 도전은 없다. 오직 "도전"만 있을 뿐이다. 나의 중학교 때 좌우명은 "Endless challenge!"였다. '끝없는 도전'이라는 말이다. 계속해서 도전하고 또 많이 실패하라. 그래야 많이 배울 수 있다. 실패는 배움의 과정이다.

---

3 샤를 페팽, 허린 옮김,『실패의 미덕』(서울: 마리서사, 2018), 17.

4 앞의 책 21쪽

충분히 실패할수록 충분한 배움을 얻을 수 있다는 말이다.

정작 자신이 실패를 경험했을 때는 우선 자신이 극복해야 하는 현실을 파악하는 것이 중요하다. 중요한 시험에서 좋지 않은 점수를 받았다면, 다음 시험에서 좋은 성적을 받기 위해서 어떻게 공부해야 할 것인지를 배워야 한다. 1등하는 친구에게 물어볼 수도 있고, 그가 공부하는 법을 관찰하고 따라하는 방법도 좋다. "정당한" 수단과 방법을 모두 동원해서 효과가 있는 공부법을 터득해야 한다. 둘째, 자신이 처해 있는 현실에 대해서 질문하고 분석해야 한다. 왜 내가 이 시험에서 낮은 점수를 받았을까? 에 대한 원인분석이 있어야 한다. 이런 질문들을 많이 던질수록 자기 자신이 발전하게 된다. 동시에 다시는 같은 실패를 반복하지 않게 된다. 셋째, 이런 실패가 자신을 성공으로 인도하게 될 것이다. 왜냐하면 그냥 실패한 것이 아니라, 잘 실패했기 때문이다. 실패를 잘 하는 사람만이 성공할 수 있다. 누구나 실패하지만 잘 실패하는 사람은 드물다. 여러분은 이 잘 실패하는 사람들 속에 끼어야 한다.

성공은 물론 우리를 기분 좋게 해 준다. 이것을 부정하려는 것이 아니다. 단지 성공은 매우 위험한 마약과도 같기 때문에 성공하면 주의해야 한다. 첫째, 성공한 기분에 도취되는 것은 잠시일 뿐이다.[5] 이렇게 짧은 시간 즐기게 될 성공의 기쁨은 마냥 계속되지 않는다. 오히려 그 다음이 두렵게 만든다. 다음 시험에서 다음 대회에서 잘해야 본전을 거둘 수밖에 없다는 생각이 스스로를 지치게 만들고 의욕을 저하시키기 때문이다. 둘째, 많은 경우에 성공이 실패보다 더 적은 것을 가르쳐준다는 사실을 기억해야 한다.[6] 일단 어떤 일에서도 성공을 거두고 나면, 사람들은 보통 자신이 최고라고 생각하기 마련이고, 자신이 수정해야 할 부분에 대해서 관심이 없어진다. 그저 자신이 정말 잘했다고 생각하고 그저 똑같이 다음에도 하면 된다고 믿어버리게 된다. 이것이야말로 성공이 우리에게 주는 독약이다. 이 독약을 마시는 순간 그는 다시는 성공의 길에 들어서기 어렵게 된다. 따라서 성공한 이후의 생각과 태도가 그를 실패자로 만들어버릴 가능성이 높다.

한 번의 실패를 했다고 해서 당신이 실패자가 되는 건 아니다. 그렇게 쉽게 실패자가 될 수 있는 건 아니기 때문에. 그것보다 훨씬 더 많이 실패하고 좌절하고 낙담하면서 우울

---

5 앞의 책, 177쪽.
6 앞의 책, 16쪽.

해하면 혹시 실패자가 될 수도 있다. 그게 그렇게 어렵다. 실패자가 되는 일은. 그런데 굳이 이렇게 어려운 일을 온갖 노력을 기울여가면서 결국은 해내는 사람들이 있다. 진정한 의미에서 "실패자"들이다. 축하의 박수와 함께 사회적으로 매장된 것을 선고하는 바이다.

실패를 하면 실패자가 되는 것이 아니라, 단지 한 번의 실패를 경험한 것에 불과하다. 이 실패의 경험을 통해 잘 실패하기만 하면 당신은 오히려 "성공자"(이런 말을 쓰나? 어딘가 어색한데?)가 될 수 있다. 자 당신은 어떻게 할 것인가? 선택은 당신의 몫이다. 하지만 기억하라! 나는 이 책에서 분명히 당신에게 "잘 실패하는 법"을 알려주었다는 것을….

한자로 실패는 이렇게 쓴다. 失敗(잃을 실, 패할 패) 사실 "패"라는 글자만으로도 패했다는 의미가 전달이 되지만, 굳이 앞에 잃을 "실"자를 붙여 놓은 이유는 무엇일까? 일단 패하면 잃을 것들이 많다. 자신감, 자존심, 상금, 입사의 기회, 합격의 기쁨 등등. 이렇게 많은 것들을 잃었는데, 거기에다가 좌절하기까지 하면, 당신은 당신의 그 소중한 마음도 잃는 것이다. 실패는 다 잃었지만 다시 시작할 수 있는 "기회"를 제공해 준다. 잃었던 것들은 다시 찾으면 된다. 실패했을 때, 가장 중요한 것은 다시 시작할 수 있는 마음까지 잃으면 절대로 안 된다는 것이다. 그것이 "잘 실패하는 법"의 가장 중요한 요소이기 때문이다. 한 번 실패했으면 다음에 성공하면 된다. 불합격 통지서를 받았으면 다음에 "합격" 통지서를 받으면 되는 것이다. 그래서 이 "다음"이라는 아이는 끊임없이 우리에게 새롭게 나타나고 또 나타난다. 단지 이렇게 반복적으로 나타나는 "다음"이를 맞이할 수 있는 꺾이지 않는 마음이 있으면 된다. 그래서 실패했더라도 자신의 마음을 잃으면 절대로 안 된다고 말하는 것이다. 다른 것들은 잃었더라도 다시 다 찾을 수 있지만, 마음을 잃으면 다시는 찾을 수 없기 때문이다.

실패와 비슷한 의미를 가진 "패배"는 한자로 이렇게 쓴다. 敗北(패할 패, 달아날 배). 그 뜻을 풀어보면 "싸움에 져서 도망친다."가 된다. 승부를 겨루다가 졌다고 해서 도망갈 필요는 없다. 졌어도 당당히 싸웠다면 고개를 들어라. 패배는 아직 내가 배울 게 있다는 뜻이다. 패배의 요인을 분석하고 그 중에서 수정할 수 있는 것들을 찾아내라. 그리고 다시 전장에 나가라. 우리에게 몇 번의 실패와 패배는 있을지언정, 우리는 실패자나 패배자가 될 수는 없다. 우리는 모두 승리하고 성공하기 위해 태어난 존재들이다. 그럼 이 세상에 실패하는 사람이 하나도 없게요? 이런 쓸데없는 질문은 아예 할 생각도 말라. 그건 우리가 알 바 아니다. 그건 실패자들과 패배자들이 상관할 일이다.

입사 시험에서 떨어졌다고 가정해 보자. 입사 면접의 면접관들의 눈이 삐어서 나를 못 알아봤나? 그럼 자기들 손해지 뭐. 나 같은 인재를 채용하지 않고 머저리 같은 애들을 뽑아서 어디다 쓰게? 이런 마음이 들게 된다. 아주 좋은 자세다. 우리는 이런 자세를 좋아한다. 응원한다. 기죽지 말자! 괜히 어설프게 "그렇지 뭐! 내가 붙겠어? 면접날 보니까 서울의 쟁쟁한 대학을 졸업한 애들이 수두룩하게 지원했던데. 나같이 지방대 출신이 붙을 수 있겠어?" 이런 모든 종류의 헛소리는 일체 사양한다. 이런 말들이나 생각들은 애초부터 아무런 가치도 없는 것이니까 말이다.

입사 시험에서 낙방했다면 우리 잘 실패하는 사람들은 기회를 잡은 거다. 긍정적인 생각을 듬뿍 뿜어내야 한다. "나를 떨어뜨렸어? 그럼 내가 보완해야 할 것은 뭐지? 적극적으로 물어보자. 떨어진 이유에 관해서. 그래서 보완할 것을 보완하고 또 지원하는 거다. 언제까지? 물론 될 때까지! 잘 실패하는 사람들은 포기라는 단어 자체를 모른다. 기한을 정하지 않는다. 단지 계속 보완하고 노력할 뿐이다. 그리고 이런 노력은 단지 회사에 들어가는 목적만을 위한 것이아니다. 입사 후에도 계속해서 우수한 직원으로 평가받기 위해서 필수적인 것이다. 하나의 성공은 곧 이어지는 다음의 성공이 있어야 더 빛을 발하게 된다. 성공했을 때 방심은 금물이다. 계속해서 성공하기 위해서는 더 많은 노력을 기울여야 하기 때문이다.

실패해야 성공할 수 있다

유명한 배우나 가수들은 대부분 오랜 무명의 생활을 견딘 사람들이다. 처음부터 화려하게 시작한 가수들을 보면 대부분은 아주 짧은 기간에 반짝하고 그만 사라졌던 것을 우리는 기억한다. 첫째, 실패 없는 성공은 오래 지속되기 어렵다. 즉, 실패가 없는 성공은 없다는 것이다. 둘째, 실패는 성공으로 가는 디딤돌이다. 디딤돌이 많으면 더 확실하게 성공까지 갈 수 있다는 말이다. 셋째, 실패는 성공의 필수적인 과정임을 기억하라. 성공만 했던 사람은 없다. 실패를 거듭해서 반복한 사람들이 '잘 실패하면' 성공하는 것이다.

실패의 경험은 일시적이다. 이것은 성공의 경우와 마찬가지다. 다른 점은 실패의 경험은 잘 실패하는 것으로 금방 이겨낼 수 있다는 것이다. 첫째, 실패의 본질을 파악하라. 과연 자신이 경험한 실패는 무엇을 의미하는 것인지를 알아야 한다. 어떤 점에서 부족했는지, 왜 실패하게 되었는지 등에 대한 철저한 파악이 우선되어야 한다. 둘째, 실패에 항복하지 않고 맞서서 싸우면, 실패는 지나간다는 것이다.

이제부터 우리는 소위 각 분야에서 성공한 사람들이 실패한 경우를 알아보고, 그들이 어떻게 '잘 실패했는지'를 분석해 보려고 한다. 아래의 인물들은 우리가 익히 알고 있는 사람들이다. 성공을 해도 무지막지하게 성공했던 사람 혹은 지금도 성공하고 있는 사람들인 것이다. 이들이 성공만 했을 것 같은가? 전혀 그렇지 않다. 우리가 알지 못하는 실패들을 무수히 겪으면서도 의연하게 "잘 실패했기 때문에" 우리 모두가 부러워하는 성공적인 삶을 일구어 낼 수 있었다. 그들에게서 배우려고 한다. 그래서 여러분 모두도 잘 실패함으로써 결국은 성공하는 인생을 사는 사람들이 되기를 바란다.

실패와 질문

살면서 누구나 겪게 되는 실패는 사람을 당황스럽게 만들기 마련이다. 일단 어떤 일에서 실패를 경험하면 가장 먼저 나오는 반응은 "내가 실패하다니!" 라는 현실 부정적인 것일 때가 많다. 다른 사람이 실패하는 것은 그럴 수 있다고 여기면서도 '나'는 실패할 수 없는 사람으로 여긴다는 것이다. 그렇기 때문에 우리가 실패를 했을 때, 우선적으로 해결해야 하는 것은 "나도 실패할 수 있다"라는 사실을 받아들이는 태도를 가져야 한다는 점이다. 누구나 실패할 수 있고 나역시 그렇기 때문에, 이번의 실패를 내가 경험하게 된 것이라는 사실을 겸손하게 인정할 수 있어야 한다는 말이다. 나자신도 '실패'라는 이름의 우울한 동네에 언제든지 발을 들여놓을 수 있기 때문이다.

실패한 다음에 해야 할 것은 질문하는 것이다. 내가 성공할 수 있을 거라고 생각했던 모든 것들에 대해서 질문을 던져야 한다. 이것은 아직 성공과 실패가 결정 나기 전까지 나 자신이 했던 생각들을 하나씩 점검하는 일이다. 목록을 만들고 빠짐없이 살피면서 질문해야 한다. 이런 질문들을 제대로 던지게 되면, 처음에 잘 될 것이라고 여겼던 모든 요소들 중에서 예상 외로 실수하고 일이 틀어졌던 부분들을 찾아낼 수 있게 된다. 당연하다고 생각했던 것들도 그냥 지나치지 말고 질문을 던지면 일이 잘못될 수밖에 없었던 이유들도 찾아낼 수 있다는 말이다. 이렇게 질문하는 습관이 몸에 배게 되면 새롭게 시도하는 일들에 있어서도 실패하지 않을 가능성을 높일 수 있게 된다. 한 분야에서 실패했더라도 다음번에는 같은 분야에서 성공할 수 있으며, 아예 전혀 다른 분야에 도전해서도 성공할 수 있는 사람으로 거듭나게 되는 것이다.

가령 내가 가수가 되려고 열심히 준비해서 경연 대회에 참가했지만 실패했고, 비슷한 다른 경연 대회에서도 같은 결과로 이어졌다면, 스스로에게 질문을 던져야 한다. 나는 정말 노래하는 것을 좋아하는가? 아니면 가수가 되었을 때 따라오는 인기와 경제적 이익을 좋아하는가? 만일 후자라면 가수는 당신의 목표에서 과감하게 지워버려야 한다. 순수하게 어떤 일을 좋아해서 하는 사람이 되어야 할 것이다.

설령 그 일이 그렇게 많은 경제적인 수익을 보장해주는 일이 아니라고 해도 그 일을 하면 신나고 만족감을 느낀다면 바로 그 일을 해야 한다.

요즘에는 많은 프로 스포츠 경기들이 사람들로부터 사랑을 받고 있다. 그 중에 프로 야구가 있다. 역대 급 관중들이 매 경기마다 경기장을 가득 채우고, 야구 선수들의 인기도 치솟고 있다. 따라서 많은 초등학생들이 장래 희망으로 프로 야구 선수를 꿈꾸고 있고, 리틀 야구단에 들어가서 열심히 연습을 하고 있다. 그렇지만 부모님들도 다시 한 번 생각해야 한다. 정말 우리 아이가 야구 하는 것 자체를 좋아하는지를 진지하게 물어보고 뒷바라지를 해도 해야 하기 때문이다. 자녀가 장차 실력이 좋은 야구 선수가 되어서 프로 구단에 입단하고 많은 연봉을 받아서 집안이 부유해지는 '결과'만을 염두에 두었다가는 큰 낭패를 볼 수 있다. 정말 자신이 야구하는 것을 좋아하지 않으면, 야구를 매우 잘하는 선수가 될 수도 없을뿐더러 오랫동안 야구 선수 생활을 이어나갈 수도 없게 되기 때문이다. 좋아하는 것을 해야 잘할 수 있고, 오래할 수 있다는 것은 누구나 알고 있지만, 자신의 삶에 이를 잘 적용하는 사람은 많지 않다는 사실을 기억해야 한다. 자신이 좋아하는 것을 하면 당연히 잘하게 되니까, 그 자신이 행복해 진다. 이것이 성공 아닌가?

새로운 직업을 만들라!

　미국에서 태어난 한 소년이 있었다. 그는 어려서부터 아버지를 따라서 메이저리그 야구 경기를 관람하러 자주 경기장을 찾았었다. 그러다가 경기장에서 우연히 홈런 볼을 한 개 얻을 수 있는 행운을 잡았다. 어렸으니까 스스로 홈런 볼을 잡을 수는 없었을 테니, 아마도 아버지가 잡은 볼을 아들에게 준 것일 수도 있겠다. 아무튼 그 소년은 그날의 감격을 잊을 수가 없었고, 나이가 들면서도 계속 야구장을 찾아서 '홈런 볼'이나 '파울 볼'을 가리지 않고, 야구공을 잡는 일에 흥미를 갖고 몰두하게 되었다. 어떤 날은 한 개, 또 어떤 날은 두 개나 세 개의 야구공을 잡아서 집에 오는 일이 잦아졌다. 가져온 볼들에 숫자를 써서 커다란 통에 넣어서 잘 보관해 두었다. 그는 어느덧 야구장에서 얻은 야구공들을 수집하는 사람이 된 자신을 발견하게 되었다. 직장을 구할 나이가 되었을 때, 부모님은 걱정이 되기 시작했는데, 아들이 취업할 생각을 전혀 하지 않았기 때문이다. 언제나 변함없이 야구장으로 달려가서 공을 잡을 생각만 하고, 또 실제로 공을 여러 개씩 가지고 집에 왔기 때문에 부모님도 우리 아들이 야구공을 잡는 일에 소질이 있긴 있구나 하고 생각했으며, 정말 이 일을 좋아한다는 것을 알게 되었다고 한다.

그렇지만 야구장에 간다는 것은 입장료를 낸다는 것이고, 그날 잡은 야구공이 아무리 많다고 해도 그것만으로는 큰돈이 되지는 않는다는 것을 알고 있는 부모님의 시름은 깊어만 갔다. 아들의 방에는 커다란 통들이 여러 개가 놓여 있고, 그 통들마다 야구공들이 가득 들어 있었고, 아들은 늘 행복한 표정을 지으면서 지냈다. 이제 야구공에 적힌 숫자들은 어느덧 20,000 번을 넘어가고 있었다. 걱정스러운 얼굴로 아들을 바라보는 어머니께 아무 걱정하지 마시라고 말하고는 언제나처럼 노트북 컴퓨터와 야구 모자를 챙겨서 야구장으로 가곤 했다. 이런 생활에 계속되었지만 아들의 취업 소식은 들리지 않아서 어머니는 날로 한숨이 깊어만 갔다.

그러나 그 아들은 자신이 회사에 취업하지 못한 것에 대해서 남다른 생각을 갖고 있었다. 남들이 보기에는 취업 '실패자'로 보이겠지만, 그에게는 자신감이 있었다. 회사에 들어가는 것보다 자신만의 것을 찾겠다는 의지도 있었다. 그는 메이저리그 야구 경기가 열리는 모든 구장을 찾아다니면서 계속해서 홈런 볼이나 파울 볼을 잡고 이것을 수집하기에 열심을 냈다. 30개의 메이저 리그 야구팀들의 홈구장의 구조를 분석해서 그의 노트북 컴퓨터에 저장해 두고, 각 팀의 선수들마다 그들이 1루 쪽과 3루 쪽 중에서 어떤 방향으로 파울 볼을 많이 치는지와 홈런은 우익수, 중견수, 좌익수 중에 어느 쪽으로 많이 날리는 지를 꼼꼼히 기록해 두었다. 이렇게 제대로 준비가 된 상황에서 야구장으로 가는 그는 당연하게도 홈런 볼과 파울 볼들을 남들보다 더 많이 잡게 되는 결과를 얻을 수 있었다. 남들이 보기에는 그가 운이 좋았던 것처럼 보일 수 있겠지만, 그는 철저하게 통계적으로 분석하고, 그 결과에 따라서 홈런 볼과 파울 볼이 예상되는 장소에서 그 야구공들을 기다렸던 것이다.

몇 년이 흐른 뒤에 소문을 듣고 찾아간 기자들 눈에 비친 그 아들의 생활은 놀라웠다. 그는 미취업자로 변변치 못한 삶을 살아가는 인생 낙오자의 모습이 아니었고, 오히려 나름 꽤 성공한 강연자이자, 야구공 잡는 법의 전문가가 되어 있었다. 여러 단체의 초청으로 어떻게 야구공을 잡을 수 있는지에 관해서 강연을 해서 수입을 올렸고, 그만의 야구공 잡는 노하우를 정리한 책을 출판해서 책 판매에 대한 인세도 벌어들이고 있다. 동시에 야구장에서 홈런 볼과 파울 볼을 잡고 싶어 하는 많은 야구팬들을 위해서 동호회도 만들었고, 정기 모임도 갖고 있다고 한다. 이 동호회는 모임이 있을 때마다 흰색 티셔츠를 입고 오는데, 티셔츠의 등 쪽에 자신이 모은 야구공의 숫자가 적혀 있는 것을 볼 수 있다. 이렇게 수익을 올리는데 그치지 않고 그 아들은 그 수익금으로 개발도상국의 아이들에게 야구 용품을 무상으로 지원하는 프로그램을 만들어서 실행하고 있다. 야구공과 글러브, 배트 등의 용품들이 없어서 야구를 할 수 없는 저소득층 아이들에게 이를 공급해 주는 일을 몇 년째 계속해서 해 오고 있었던 것이다.

그 아들이 기존의 직장에 취업 하지 않은 것을 두고 이제 누가 '실패'라고 부를 것인가? 남들이 '실패'라고 부르고 '실패자'로 낙인을 찍었다고 해도 본인은 전혀 그렇게 생각한 적이 없었고, 오히려 자신이 정말 좋아하는 야구경기를 보면서 야구공을 모을 수 있는 자신의 직업에 매우 만족한다고 그 아들은 말한다. 세상에 이미 있는 직업이 아니라도, 자기 자신이 좋아하는 일을 꾸준히 해 나가면, 이 아들처럼 '야구공 수집 전문가'라는 새로운 직업을 만들어낼 수도 있는 것이다. 이 책을 읽는 독자 분들이 정말 좋아하는 일은 무엇인가? 그 일을 찾아내는 것이야말로 거듭되는 실패 속에서도 낙심하지 않고 우직하게 앞으로 나갈 수 있는 원동력을 얻는 지름길이 될 것이다. 거듭 강조하지만 자신이 정말 좋아하는 일을 해야 잘할 수 있고, 오래 할 수 있다. 그리고 행복할 수 있다. 인생은 단거리 경주가 아니라, 마라톤과 같다고 누가 말하지 않았던가? 멀리 보고 길게 보는 것이 최종적인 성공을 이끌어 낼 수 있으며, 그 과정에서 만나게 되는 실패들은 이런 성공으로 가기 위한 중간 기착지인 것이다.

남들과의 비교

내가 어떤 일에 실패했을 때, 똑같은 일에 도전했던 다른 사람들이 성공하는 것을 보면, 우선 드는 생각은 "다른 사람은 성공했는데 왜 나는 실패했지?" 라는 것이다. 그런데 문제는 '결과'만을 놓고 성공한 다른 사람과 실패한 자신을 비교한다는 데 있다. 결과에는 반드시 이에 수반하는 이유가 있다. 남들과 비교하는 것이 나쁘다는 것이 아니라, 왜 다른 사람은 성공했고 나는 실패했는지를 면밀하게 분석하는 일이 필수적이라는 사실을 깨달아야 한다는 말이다.

물론 자기 자신이 실패했다는 것을 알게 되면 일단 굉장히 실망스럽고 기분이 나쁘다. 다시는 그 일에 대해서 생각하기도 싫고 자신이 무엇을 잘못했는지를 분석하는 것은 더더욱 싫기 마련이다. 그렇지만 바로 이런 싫은 감정을 이겨내야 한다. 그래야 '잘 실패하는 것'이다. 실패의 원인에 대한 분석은 할 생각도 하지 않으면서 자포자기에 빠지고, "내가 그렇지 뭐!"라는 열등의식에 사로잡히게 되면, 그것은 그냥 '실패자'가 되어 버리는 것임을 기억해야 한다. 하지만 자신이 시도한 부분들을 상세히 분석하고, 남들이 성공했을 때의 전략도 함께 검토하는 일은 실패를 경험한 상태에서는 물론 정말 하기 싫은 일이지만, 이것을 이겨내고 이 일을 해낸다면, 일단 잘 실패하는 법의 첫 걸음을 내딛은 것이 된다. 그리고 이어서 그런 분석과정과 비교 과정을 통해서 다음에 다시 그 일에 도전할 때는 성공할 수 있는 가능성을 현저하게 높일 수 있게 된다.

남들의 시선

실패를 경험했을 때, 가장 힘든 것 중의 하나는 남들이 자신을 바라보는 '시선'이다. 그들이 겉으로는 말하지 않아도 그들은 마치 "쟤 좀 봐! 그렇게 잘한다고 하더니, 이번 자격시험에서 떨어졌잖아! 실력이 모자랐던 거지!" 이렇게 말하고 있는 것처럼 자기들끼리 속삭인다. 아니, 그런 말들을 속삭인다고 나 자신이 상상하고 결론지어 버린다. 실제로는 그들이 전혀 다른 이야기를 하고 있었는지도 모르는데 말이다. 결론적으로 말하면, 다른 사람들의 시선은 전혀 신경 쓰지 말라는 것이다. 일부러라도 신경을 꺼야 한다.

이럴 때는 이렇게 생각하면 도움이 된다. 다른 사람들의 시선은 실패한 내가 온전히 감당해야 할 몫이라고. 물론 지나친 비판이나 무시하는 태도들은 문제지만, 그들보고 하지 말라고 할 수도 없는 일이다. 나의 실패는 일회성이고, 이 실패의 경험은 나를 성공으로 이끌 것이라는 확고한 믿음을 갖고 있어야 한다. 다른 사람들의 시선 따위는 의연하고 당당하게 받아낼 수 있어야 하기 때문이다. 남들의 시선은 잘 실패하는데 있어서 내가 반드시 이겨내야 할 장애물이다.

나의 실패

나는 대학교에서 교수로 재직하고 있기 때문에 학생들을 가르치는 것 이외에도 연구 논문을 매년 적어도 2편 이상 학술지에 게재해야 하는 의무가 있다. 학기 중에는 강의를 준비하고 강의를 하고, 시험문제를 내고 과제물을 채점하느라고 사실 정신없이 바쁘기 때문에 논문을 쓰는데 집중하기가 어렵다. 그래서 논문의 아이디어만 구상하고, 관련된 논문이나 전공서적들을 읽으면서 메모하는 것만 어렵사리 하는 수밖에 없다. 이렇게 학기를 마치면 성적을 매기고, 내가 맡았던 각 교과목들에 대한 분석평가 보고서를 제출하고, 다음 학기에 강의할 교과목에 대한 신청서를 내느라고 또 분주하다. 그래도 시간이 지나면 이 모든 것들이 끝나고 마침내 내가 논문에 집중할 수 있는 시간이 생긴다.

이 소중한 시간에 나는 매일 학교에 출근해서 열심히 논문을 쓴다. 이렇게 한 달 가량을 논문에 매달리는 생활을 하게 되는데, 이때는 오직 내가 쓰는 논문 주제에 대한 생각에 몰두해 있기 때문에 그런지 몰라도 창의적인 생각과 아이디어들이 불쑥 불쑥 나오게 된다. 그래서 정말 즐거운 마음으로 논문을 쓰게 되고 최종적으로 심사를 받기 위해서 학술지에 투고를 한다. 지금까지 24년 동안 교수 생활을 하면서 약 60여 편의 논문을 게재했는데, 겉으로만 보면 많은 논문을 쓴 것 같지만, 사실 이 논문들 중에는 학술지 심사에서 '수정 후 재심' 판정을 받은 것들도 여러 편이 있는 것이 사실이다. 즉, 한 번에 심사를 통과하지 못하고 '실패'한 논문들이 있다는 말이다.

이렇게 '수정 후 재심'이라는 심사결과를 받아 보면 처음에 마음이 털썩 내려앉는 느낌을 받는다. 한 달 동안에 내가 쏟아 부은 노력과 시간들이 주마등처럼 스쳐 지나가면서 실망감이 나를 엄습한다. 그래서 처음 며칠 동안은 나도 '잘 실패하지' 못하고 심사위원들을 원망하면서 좌절을 맛보면서 시간을 보냈다. 그러다가 문득 이런 생각이 들었다. 내가 가르치는 '잘 실패하는 법'이라는 교과목처럼 살고 있지 못하다는 생각이었다. 학생들에게는 열정적으로 잘 실패하라고 강의를 해놓고 정작 나는 그렇게 살지 못하고 있다면 문제가 있는 것이라고 결론을 내리게 되었다. 그래서 그때부터 생각을 바꾸게 되었다.

내가 생각한 잘 실패하는 법은 이것이다. 논문 심사에서 '수정 후 재심' 판정을 받았다는 것은 심사위원들의 심사평을 읽어보고 수정할 부분들을 꼼꼼히 수정해서 다시 심사를 받으면 심사에서 통과할 가능성이 매우 높다는 것을 말하는 것이라고 내 나름대로 해석하게 되었다. 이렇게 생각을 고쳐먹는 순간부터 더 이상 좌절하게 되지 않고, 오히려 희망이 생기는 것을 경험했다. 이전에는 '수정 후 재심' 판정을 받으면 기분이 나빠서 아예 심사위원들의 심사평조차 읽어보지 않았다. 속으로 "심사위원, 너희들이 뭘 알아? 내 논문을 이해하지도 못하면서 말이지."라는 생각을 했었다. 그렇지만 이제는 오히려 심사위원들에게 감사한 마음으로 심사평을 읽고 내가 부족했던 부분들을 보완해서 다시 심사를 받기 위해 제출한다. 그러면 어김없이 심사를 통과하는 경험을 하게 되고, 이렇게 생각을 바꾸다보니 심사결과가 두렵지 않게 되었다. 이번이 아니면 수정해서 다음번에 통과하면 되는 것이다. 이것이 내가 논문심사를 잘 실패하는 비법이라고 하겠다. 독자 여러분들도 각자 자신들이 속해 있는 공동체 안에서 이렇게 '잘 실패하는 법'을 적용해 보기 바란다. 장담컨대 이것은 반드시 효과가 있을 것이며, 여러분들의 삶이 바뀌는 경험을 하게 될 것이다. 더 이상 좌절과 낙심은 없고, 실패의 경험과 성공만이 여러분을 기다리고 있다. 이것을 매일같이 경험하는 삶을 살아야 하지 않겠는가? 여러분은 충분히 그럴 자격이 있고, 그렇게 살도록 이 땅에 태어난 귀한 존재들이다. 우리 모두 파이팅하면서 우리보다 먼저 이렇게 '잘 실패하는 법'을 삶 속에서 실천하여 결국 최종적인 성공을 이끌어낸 인물들의 생애를 살펴보기로 하자.

제2부

사례로 보는
잘 성공하는 법

로저 페더러

로저 페더러(Roger Federer, 1981년~)
스위스, 프로 테니스 선수

로저 페더러[7]

　나는 대학교에 합격하고 아직 개강을 하지 않았던 겨울에 내가 늘 좋아했던 테니스를 배우기 위해서 동네 테니스장에 회비를 내고 한 달 강습을 받은 적이 있다. 정말 테니스를 잘 치고 싶었던 나는 사실 거의 모든 시간의 강습들이 예약되었고, 단 하나의 시간만 남아 있었어도 그대로 등록을 할 정도였다. 그 시간은 아무도 등록하지 않는 새벽 5시 강습이었다. 4시 30분부터 일어나서 옷을 갈아입고 라켓을 챙겨서 집 옆에 있는 테니스장으로 갔다. 걸어서 3분 거리에 있는 곳이라서 테니스장에 도착하니까 4시 45분 정도가 되었는데, 아직 컴컴했고, 강습을 해 줄 코치도 나오지 않았다.

7　그의 본명은 영어로 Roger Federer 이다. 따라서 우리말로 옮길 때 "로저 훼더러"라고 쓰는 것이 원래 영어 발음에 가깝다. 그러나 우리나라의 대부분의 매체에서 "로저 페더러"라고 쓰기 때문에 독자들에게 익숙한 표기법으로 쓰기로 한다.

겨울이고 또 새벽이라서 무척이나 추웠지만 나의 테니스에 대한 열망을 식히지는 못했다. 테니스장은 문이 열려 있었기 때문에 그 안에 있는 사무실에 들어가서 기다리고 있는데, 10분 정도가 지나니까 코치가 왔다. 인사를 하고 같이 밖을 내다보는데 아직도 컴컴해서 볼이 보이지 않을 것 같았다. 요즘처럼 라이트 시설이 없던 시절이었기 때문에, 해가 떠서 자연광으로 볼이 보여야 테니스를 칠 수 있었기 때문에 코치는 나에게 조금 기다려보자고 했다.

　강습은 30분 동안이라서 5시부터 5시 30분까지인데, 막상 5시가 되었는데도 아직도 테니스공을 식별할 정도로 밝지가 않아서 우리는 또 5분 정도를 더 기다렸다. 나는 속이 탔다. 강습료를 이미 다 냈는데, 정작 어둡기 때문에 시간을 5분이나 깎아 먹는 것이 안타까웠다. 새벽 5시 5분이 되자 어스름하게 앞이 보이기 시작했다. 코치와 나는 연습용 볼이 들어있는 바구니를 들고 코트로 들어갔다. 코치는 내가 어느 정도 볼을 칠 수 있다는 것을 알고 나서는 바구니의 공을 무지막지하게 쳐주는 것이 아닌가? 계속해서 날아오는 공을 받아치다보니 어느새 온 몸이 땀으로 범벅이 되었고, 숨은 턱까지 차올라서 정신마저 아득해 지는 것이었다. 한 바구니를 다 치고 나니 이제는 내가 공을 주워서 바구니에 넣어야 하는 시간이 되었다. 조금이라도 빨리 공을 주워야 내가 강습을 받을 수 있는 시간이 확보될 것 같아서 몸을 재빠르게 놀려서 금방 바구니를 다 채웠다. 하지만 그것은 내 오산이었다. 아직 5시 15분밖에 되지 않았기 때문에 아직도 두 바구니는 더 칠 수 있었기 때문이다. 두 번째 바구니를 치다보니, 왜 이렇게 시간이 빨리 가지 않는지 이해가 되지 않기 시작했다. 아까 해가 뜨기 전에 10분 정도 기다리자고 하지 않은 것이 정말 후회되기 시작했다. 두 바구니를 치고 공을 줍고 있는데, 이제 더 이상 공을 칠 수 없을 것 같다는 생각이 들었다. 코치는 이런 내 생각도 모르는지 세 바구니 째를 쳐주기 시작하는 것이 아닌가? 정말 혼신의 힘을 다해서 공을 받아쳤고, 드디어 5시 30분이 되었다. 나는 이제 끝났다고 생각하고 코치의 얼굴을 쳐다보았는데, 코치는 그만 할 생각이 없는 것 같았다.

너무 힘든 나머지 나는 코치를 불렀다.

"코치님! 시간이 다 되었는데요?"

"무슨 소리야. 아직 5분 남았다. 우리가 5분 늦게 시작한 거 잊었어?"

그렇게 말하고는 계속해서 볼을 쳐 댔다. 나는 항의할 힘도 없어서 그냥 5분 동안 더 공을 받아쳤다. 드디어 시간이 다 되어서 코치가 오늘은 여기까지 한다는 말을 듣고 그대로 바닥에 쓰러져 버렸다. 몸을 움직일 수 있는 아무런 힘도 내 안에 남아 있지 않았다. 내일은 기필코 5시 10분부터 시작하자고 말해야겠다고 다짐 또 다짐하면서 거의 기다시피 집으로 돌아왔다.

어저께 그렇게 녹초가 되었었는데, 새벽 4시 45분이 되자 거짓말처럼 눈이 떠졌다. 어느새 나는 옷을 주섬주섬 챙겨 입고 테니스장으로 향했다. 코치와 또 7분 정도를 기다려서 공이 어스름하게 보일 때 강습을 시작했고 나는 또 다시 10분 다 채우고 강습을 시작하지 않은 나 자신을 원망하면서 5시 30분이 되기를 기다리고 또 기다리면서 이를 악물고 입에 거품을 물면서 나에게 오는 테니스공을 받아쳤다. 매일 같이 이런 일이 반복되었지만 나는 강습 기간인 한 달 동안 단 하루도 빠지지 않고 테니스장에 나갔고, 코치로부터 많은 칭찬도 받았다. 이것이 내가 평생 테니스 강습을 받았던 처음이었고 또 마지막이었다.

그런데 그때 코치는 내가 원하는 것을 가르쳐줄 수 없었는데, 그것은 백핸드를 칠 때 두 손으로 치는 방법이었다. 그 당시 내가 우상처럼 생각했던 테니스 선수는 미국의 지미 코너스 선수였는데, 그가 두 손으로 백핸드를 치는 모습이 너무 멋있어서 나 혼자 벽치기를 하면서도 두 손으로 연습을 했었다. 그런데 막상 이 코치는 자기가 두 손 백핸드를 치지 못하기 때문에 한 손 백핸드만 가르쳐 줄 수 있다고 했다.

그래서 내가 제안을 한 가지 했다. 그냥 내가 내 방식대로 백핸드를 두 손으로 칠 테니까 봐주기만 해 달라고 부탁했다. 폼이 중요하니까 내가 치는 폼이 어색하게 보이는지 말해달라고 했다. 그리고는 한 바구니의 공을 치고 나서 코치에게 물어보니까 내 폼이 별 문제가 없어 보인다고 했다. 그래서 그 이후로 나는 내 백핸드는 두 손으로 치는 것으로 굳어지게 되었던 것이다.

그때가 내가 대학교 1학년 들어가기 전의 겨울 방학이었으니까, 1980년 1월정도 되었던 것 같다. 그래서 난 알 수 없었다. 그 이듬해인 1981년에 로저 페더러라는 테니스의 황제가 태어나게 된다는 것을. 뭐 당연한 말이지만 그는 1998년 17세 때 비로소 프로 테니스 선수로 데뷔를 하게 되기 때문에 나는 무려 17년 동안 페더러라는 선수의 경기를 볼 수 없었다. 그래서 그가 우아하고 아름답게 백핸드를 한 손으로 잘 친다는 사실을 알지 못했다. 그러나 일단 그가 혜성처럼 테니스계에 나타나서 일약 테니스의 황제로 등극하게 되면서부터 나는 그의 경기를 빼놓지 않고 보면서 그의 광팬이 되어 버렸다. 테니스를 좋아하는 사람이라면 이렇게 되지 않을 수 없는 것이고, 나도 당연하게 그의 일거수일투족에 관심을 갖고 그의 행보를 따라다녔다.

페더러가 갖고 있는 기록들은 이제 누구나 인터넷을 뒤

지면 쉽게 접할 수 있고, 그 중에 몇 가지 기록은 다른 선수에 의해서 깨진 것도 알게 된다. 하지만 늘 그렇듯이 기록은 깨지라고 있는 것이고, 그렇게 자신의 기록이 깨졌다는 것이 부끄러워할 일은 아니기 때문에 페더러를 좋아하는 내 마음도 전혀 흔들리지 않고 있다. 프로 선수로 데뷔한 초기에는 물론 그는 많은 경기에서 패배했다. 그렇지만 몇 년이 지나고부터 그는 어느새 세계랭킹 1위 자리에 올라 있었다. 그리고 그 자리는 마치 그를 위해 오래 전부터 예비해 놓았던 것처럼 아주 오랫동안 그를 주인으로 섬겼다.

이 책을 읽는 독자 분들 중에도 페더러를 아는 사람들이 많이 있을 것이다. 그만큼 유명하다. 일단 테니스를 정말 잘 친다. 우아하고 부드럽게, 그리고 아름답게 테니스를 치는 거의 유일한 선수다. 1981년 8월 8일에 스위스에서 태어났으니까 2023년 현재 42세다. 테니스 선수로는 환갑을 지난 나이라고 할 수 있다. 그만큼 프로 테니스처럼 경쟁이 치열한 세계에서 2022년 9월(41세)에 정식으로 은퇴할 때까지 현역 선수 생활을 했다는 것은 믿기 힘든 일이다.

페더러는 테니스 대회에서 그랜드슬램이라고 하는 4개 대회에서 총 20회 우승을 차지한 대기록을 갖고 있다. 참고로 그랜드슬램 대회는 호주오픈(우승상금 약 26억 원), 프랑스오픈(우승상금 약 29억 원), 윔블던 테니스대회(우승상금 약 31억 원), US 오픈(우승상금 약 33억 원)이다.[8]

페더러는 또한 테니스 선수 중에서 가장 승률이 좋은 선수였다. 전성기 때는 경기를 하면 거의 다 이기기 때문에, 해설자가 경기를 중계하면서 아예 오늘도 페더러가 이길 거라고 말한 적도 있을 정도였다. 그렇다면 이렇게 늘 이기는 경기를 했던 페더러도 과연 실패한 적이 있었을까 하는 생각이 든다.

이런 생각이 드는 사람들이 많을 것 같아서 필자는 잘 실패하는 법을 배울 수 있는 첫 번째 인물로 페더러를 선택했다. 대부분의 사람들은 잘 모르지만, 페더러는 17세 때인 1998년 프로 선수로 데뷔했던 첫 경기에서 0-2로 졌으며, 이듬해인 1999년, 프랑스 오픈 대회에서 1회전에서 탈락했다. 같은 해 출전한 윔블던 대회에서도 역시 1회전 탈락이라는 실패를 경험했다. 물론 막 프로에 데뷔한 선수이고 아직은 어린 나이였기 때문에 경기에서 지는 것은 놀라운 일은

---

8   우승상금 액수는 2022년 기준이다.

아니었겠지만, 그래도 선수에게는 모든 경기의 패배는 큰 좌절과 아픔으로 다가오게 된다. 이렇게 연속된 패배들로 시작된 페더러의 경력이 어떻게 은퇴하기 전까지 계속해서 승리를 거듭하는 화려한 경력으로 바뀔 수 있었는지 궁금하지 않은가? 어떻게 그는 그가 경험한 실패들을 극복하고 최고의 선수로 우뚝 설 수 있었는지 알아보자. 과연 페더러의 "잘 실패하는 법"은 무엇이었을까?

╱ 코치와의 만남 ╱

페더러는 6살 때 테니스에 입문했다. 그러나 테니스만 친 것이 아니라, 축구도 좋아해서 축구 선수가 되고 싶은 마음도 있는 소년이었다. 그는 공을 갖고 노는 것을 즐겼으며, 탁구, 테니스, 농구, 축구 등을 좋아했다.[9] 페더러가 테니스에 소질이 있는 것을 알아본 그의 아버지는 그가 10살이 되었을 때 개인 레슨을 위한 코치를 물색하게 된다. 1980년대 그가 살았던 스위스에서 축구와 스키 등의 겨울 스포츠는 인기가 있었지만, 테니스는 비인기 종목이었기 때문에, 스위스 내에서는 좋은 코치를 찾을 수가 없는 상

---

9   Chris Bowers, *Roger Federer: The Definitive Biography* (London: John Blake Publishing, 2021), 11.

황이었다. 그래서 페더러의 아버지는 당시 세계 프로테니스 무대에서 최강국으로 평가받고 있었던 미국과 호주로 눈을 돌리게 된다.

그러다가 호주 사람으로서 프로테니스 선수였다가 25살 이라는 비교적 이른 나이에 부상으로 선수 생활을 마감했던 피터 카터(Peter Carter)라는 사람을 찾아내게 되었다. 그는 처음에 페더러의 아버지의 코치 제안을 받고 선뜻 나서지 않았다. 한창 때 프로 선수 생활을 접었던 카터 코치는 적어도 프로 세계에 발을 들여놓은 신인 선수들을 가르치고 싶었는데, 정작 페더러는 10살에 불과한 초등학생이었기 때문이다. 그러나 페더러 아버지의 끈질긴 설득으로 인해 결국 코치 일을 맡게 되는데, 테니스 불모지나 다름없는 스위스로 온 테니스 선진국 프로출신 코치가 된 것이다. 카터 코치는 결국 페더러가 프로 선수로 데뷔하게 되는 1998년까지 그를 지도하게 된다. 페더러의 코치를 맡은 지 몇 년 후에 카터 코치는 호주에 있는 그의 아버지에게 전화를 걸어서 이렇게 말했다고 한다. "제가 엄청난 재능을 갖고 있는 소년을 맡았어요. 열 두세 살 정도 되었는데 제 생각엔 이 애가 테니스로 성공할 것 같아요."[10]

---

10   Bowers, *Roger Federder*, 19.

처음에 카터 코치가 페더러를 만나서 그의 경기를 보고 나서 결정적인 조언을 해 주게 되는데, 그것은 페더러가 "작은 악마"라는 별명이 붙어 있을 정도로 경기장에서 보여주는 매너가 엉망이었기 때문이었다. 코치는 페더러에게 "그렇게 경기 때 화를 내고 상대방에게 야유를 보내는 태도를 취하면, 결국 너 자신이 경기에서 이길 수 있는 에너지를 낭비하게 되는 것이란다. 너도 경기에서 이기고 싶지? 이기려면 화를 참고, 상대를 비웃는 데 쓰는 에너지를 아껴서 네가 경기를 이기는데 써야 한단다." 이 말은 페더러에게 많은 생각을 하게 했으며, 결국 오늘날 그가 시합에서 항상 침착함을 유지하고, 상대 선수를 오히려 격려하는 자세를 갖게 하는데 결정적인 힘이 되었다.

카터 코치를 만나기 전까지 페더러는 상대 선수가 멋진 샷을 날리면 그것을 칭찬해 주는 것이 아니라, "어쩌다 운이 좋았던 거야!"라고 비아냥거리던 소년이었다. 즉, 상대 선수가 잘했다는 것을 인정하기 싫어하는 아이였던 것이다. 물론 페더러는 누구나 그렇지만, 지는 것을 정말 싫어했기 때문에, 더욱 이런 행동을 하게 된 것이라고 볼 수 있다. 그렇지만 카터 코치의 계속된 가르침으로 인해서 상대의 잘한 부분을 인정하고 자신이 잘못한 부분은 수정해 나가는 습관을 점차 익혀나갔던 것이다. 물론 초등학교와 중학교, 고등학교 시절에 많은 경기에서 패배했지만, 이런 마음 자세를 유지함으로써, 그는 "잘 실패하는 법"을 터득해 나가게 되었다. 페더러가 이렇게 그의 마음을 잘 다잡을 수 있게 되고, 코트에서 신사적인 매너를 보여주면서 그는 다른 선수들을 배려하는 마음도 갖게 된다.

우리들 모두는 인생을 살아가면서 항상 승리할 수만은 없으며, 많은 경우에 실패를 경험하게 된다. 이런 공통적인 실패의 경험들 속에서도 잘 실패하는 사람은 결국 최종적인 승리를 맛보게 되고, 또한 동시에 승리를 계속 유지하면서 살 수 있게 된다는 것을 꼭 기억할 필요가 있다.

/ 페더러의 성장 /

카터 코치의 지도를 받으면서 12살이 되었을 때 페더러는 프로 테니스 선수가 되기로 그의 진로를 정하게 된다. 14세 때 스위스 주니어 챔피언에 오르면서 그의 재능을 발휘하게 되고, 스위스 국립 테니스센터 소속 주니어 선수로 선정되기에 이른다. 그러나 처음에 페더러는 이렇게 선정된 사실에 대해서 별다른 관심을 보이지 않았다고 한다. 더구나 국립 테니스센터가 위치해 있는 곳은 그의 고향인 바젤(Basel)에서 기차로 두 시간이나 가야하는 곳에 있었으며, 불어를 쓰는 곳이었기 때문이다. 불어를 그렇게 잘 하지 못했던 페더러는 더구나 함께 선정된 주니어 선수들 중에서 가장 나이도 어리고 신체적으로도 허약한 선수였다. 이런 여러 가지 불리한 점들 때문에 처음 몇 달 동안 페더러는 적응하는데 어려움이 많았다.

그러나 어머니와의 전화통화를 자주함으로써 큰 도움을 받았는데, 어머니는 "재능만으로는 성공할 수 없단다. 네가 열심히 최선을 다해 노력해야 한다."라고 강조해서 말씀하셨다. 또한 민박집에서 지낼 때, 그 집에서 페더러보다 나이 많은 형뻘 되는 빈센트는 페더러가 불편함을 느끼지 않도록 잘 보살펴 주었다. 이것이 또한 페더러가 낯선 타지에서 외로움과 향수병을 극복할 수 있도록 힘을 주었던 것이다. 이렇게 심리적으로 안정을 되찾아 가면서 페더러는 그가 천부적으로 타고났던 테니스에 대한 재능을 십분 발휘해서 코치들이 가르쳐주는 기술들을 남들보다 빠르게 배워나갔다.

╱ 대회에 참가한 페더러 ╱

1998년 윔블던 테니스 대회의 주니어 부문에서 우승을 하게 됨으로써, 그동안의 노력이 결실을 맺는 순간을 맞았다. 그리고 같은 해 드디어 프로 테니스선수로 데뷔하게 되는데, ATP 투어의 첫 경기에서 0-2로 패배하고 말았다. 한편 1999년 국가대항전인 데이비스컵 대회에서는 스위스 국가 대표로 선발되는 영광을 안기도 했다. 그러나 1년 전 페더러는 프로 선수로서의 첫 경기에서 보기 좋게 실패했던 것이다. 그의 실패는 여기에서 그치지 않았다. 페더러가 프로선수로서 참가한 첫 번째 그랜드 슬램 대회는 1999년 프랑스 오픈이었는데, 역시 1회전에서 탈락하고 말았다. 이어서 열린 윔블던 테니스 대회에서는 와일드카드로 출전하게 되었는데, 역시 1년 전에 주니어 부문에서 우승한 대회이기도 해서 약간은 자신감도 있었던 페더러였다. 그렇지만 역시 성인들의 무대는 주니어 무대와는 전혀 달랐다. 이 대회에서도 그만 1회전에서 탈락하고 말았다.

이렇게 페더러는 그가 데뷔한 1998년과 1999년의 경기에서 많은 패배를 맛보았다. 물론 방금 언급한 그랜드 슬램 대회를 제외하면 작은 대회에서 좋은 성적을 거두기도 했기 때문에 1999년 시즌을 세계랭킹 66위로 마감하면서 최연소 100위 진입이라는 기록을 세우기도 했다. 따라서 데뷔한 지 2년 차인 것을 감안하면 매우 좋은 성적이었다는 것을 알 수 있다. 그럼에도 불구하고 그는 많은 경기에서 패배하는 경험을 했다. 즉 실패로 시작한 프로 데뷔 무대라고 할 수 있을 것이다. 그럼에도 불구하고 페더러는 실망하거나 자포자기 하지 않았다. 계속해서 대회에 참가하면서 많은 경험을 쌓아 나갔고, 이길 수 있는 방법들을 차근차근 배워 나갔다. 테니스 시합에서 졌다는 것은 일종의 실패라고 할 수 있는데, 이런 실패를 통해서 페더러는 자신이 다음 경기에서 이길 수 있는 방법을 배웠던 것이다. 이것이야말로 "잘 실패하는 법"이 아닐 수 없다.

2000년이 되자 호주 오픈 대회에 처음으로 출전해서 3회전에 탈락했으며, US 오픈 대회에서 처음 참가하여 역시 3회전에 탈락하고 말았다. 같은 해에 시드니 올림픽에서는 스위스 대표로 참가하여 준결승까지 진출하는 기염을 토했다. 그럼에도 불구하고 2000년 역시 페더러가 뛰어난 성적을 올리지 못하고 많은 시합에서 패배를 경험한 한 해라고 할 수 있다. 1년 동안 4개의 그랜드 슬램 대회에 모두 출전하면서 많은 경험을 했고, 작은 대회에서는 좋은 성적을 올려서, 2000년의 시즌을 세계 랭킹 29위로 마감했다.

이상과 같이 데뷔 초기에 페더러는 다른 많은 프로 데뷔선수들처럼 수많은 경기에서 패배했다. 그런데 무엇이 그를 다른 선수들과 구별되게 만들었을까? 그것은 수많은 패배를 경험하면서도 페더러는 계속해서 경기에 참가함으로써 자신의 경기력을 향상시켜 나갔다는 것이다. 진 경기에서 한탄만 하고 좌절하는 것이 아니라, 그 경기를 다시 되돌아보면서 자신을 이긴 상대방의 장점들을 배우면서 정상을 향해 한 걸음씩 나아갔다.

페더러에게 실패들은 배움과 향상의 기회였던 것이다. 그는 지는 경기에서도 절대로 화를 내지 않았고, 라켓도 집어던지지 않았다. 지는 것도 배움의 한 과정으로 여긴다. 경기에서 질 수도 있지만 결코 패배자가 되는 것은 아니라는 것을 그에게서 배울 수 있다. 다음 시합에서는 이기기 위해서 이 패배를 통해서 배우는 것이다.

이렇게 계속 대회에 참가하면서 기량을 쌓아가던 페더러는 2001년에 드디어 생애 첫 ATP 타이틀을 획득하는 감격적인 순간을 맞는다. 대회 이름은 <밀라노 인도어 대회>였다. 또한 미국과 겨룬 데이비스 컵 대회에서 맹활약하면서 미국에게 승리를 거두었다. 그랜드 슬램 대회인 프랑스 오픈 대회에서는 8강에 진출하는 기염을 토하기도 했다.

/ 또 다른 시련: 카터 코치의 죽음 /

2002년은 페더러에게 잊을 수 없는 해가 되고 말았다. 10세 때부터 그를 맡아서 지도했던 카터 코치는 어린 페더러에게 어떻게 멘탈을 다스려야 하는 지를 가르쳤다. 오늘날 페더러가 경기 중에 어느 선수보다 침착하고 평정심을 유지하면서 경기를 할 수 있게 된 것은 바로 피터 카터 코치의 가르침 덕분이었다. 이렇게 페더러에게 큰 가르침을 주었던 카터 코치는 그의 아내가 암으로 투병을 하다가 마침내 완치 판정을 받고 그 기념으로 떠난 남아프리카 여행에서 불의의 교통사고를 당해서 사망하고 만다. 그런데 이 여행지는 페더러 자신이 추천해 준 곳이었기 때문에 그에게는 너무나도 큰 충격이 되었다. 마치 자신이 카터 코치 선생님을 죽음으로 몰고 간 것처럼 생각되었던 것이다.

더구나 2002년에는 카터 코치가 사망하기 전에 열린 호주 오픈, 프랑스 오픈, 윔블던(6월 24일-7월 7일) 대회 모두 초반에 탈락하고, 코치가 사망한 후에 열린 US 오픈에서도 초반에 탈락하는 아픔을 겪었다. 따라서 코치의 사망 사건보다 먼저 열린 세 개의 대회들은 카터 코치의 사망이 원인이 될 수 없었는데도, 페더러는 좋은 성적을 내지 못했다. 또한 카터 코치가 사망한 충격으로 상실감이 컸지만, 그럼에도 불구하고 테니스 대회에 참가하여 10월에는 세계 랭킹 7위까지 상승했다. 그리고 세계 랭킹 8위까지의 선수들만이 참가하는 연말 마스터스 대회에 참가하여 준결승에서 패배했다.

고인이 된 피터 카터 코치가 호주 사람이었기 때문에, 2005년부터 페더러는 호주 오픈 대회에 참가할 때마다 카터 코치의 부모님을 경기에 초청했다. 비행기 티켓은 물론이고, 호텔 숙박료 등의 체류 비용 일체를 부담하면서 매년 초청했다. 특히 첫 해인 2005년에 페더러는 카터 코치의 부모님께 너무도 죄송해서 아무 말도 못하고 있었다. 그때 카터 코치의 아버지가 페더러에게 이렇게 말했다고 한다. "카터는 항상 너만을 생각했었단다. 너는 매우 특별한 사람이라고 늘 말했지. 그러니까 네가 할 수 있는 최선을 다해서 경기에 임해 주길 바란다." 이 말을 듣고 페더러는 마음의 큰 짐을 덜어 버릴 수 있었고, 계속 시합에서 좋은 성적을 올릴 수 있었다.

페더러는 그랜드 슬램 대회의 첫 우승을 2003년에 맛보았는데, 그 대회는 윔블던 테니스 대회였다. 그리고 이 해에 연말 랭킹은 세계 2위였다. 2004년부터 2015년까지는 그야말로 승승장구했던 시기였는데, 호주 오픈에서 4회, 프랑스 오픈 1회, 윔블던 대회 7회 US 오픈 5회 우승함으로써, 총 그랜드 슬램 대회에서만 17회 우승하는 놀라운 기록을 세웠던 것이다. 그리고 이후에는 은퇴 수순을 밟는 것 아니냐는 일반적인 예상과는 다르게, 2017년에 호주 오픈과 윔블던 대회에서 우승하고, 2018년에 호주 오픈에서 우승함으로써 총 그랜드 슬램 대회 20회 우승이라는 금자탑을 세웠다.

2004년에서 2015년 사이의 시기에 페더러는 그야말로 상대가 없을 정도였고, 시합을 했다하면 거의 다 이기는 경기를 하는 선수로 사람들에게 각인되었다. 그래서 심지어 그 당시 중계방송에서는 페더러가 나오면 재미가 없는 경기가 될 것이라고 하는 농담까지 할 정도였다. 요즘에도 페더러라고 하면 매너가 좋고 차분한 모습으로 위기에 몰려도 절대로 흔들리지 않는 선수로 기억한다. 그렇지만 청소년 시기의 페더러는 시합에서 흥분하면 라켓을 집어던지는 분노조절 장애가 있는 선수로 보였다. 앞에서도 언급한 것처럼 피터 카터 코치는 이런 페더러를 현재의 담담하면서도 자제력이 높은 선수로 바꾸어 놓았다. 화를 내는데 써버리는 에너지를 승리하는데 사용하는 것이 중요하다는 것을 깨닫고 실천한 결과였다.

페더러는 수많은 패배 경기들을 통해서 이기는 법을 배웠다. 그 수많은 패배들과 실책들이 없었다면 오늘날의 페더러는 없었을 것이다. 패배의 경험이 승리의 원동력이 되었던 것이다. 카터 코치와 어머니의 조언들로 인해서 청소년 때의 그의 모습과는 완전히 다른 페더러로 거듭나게 된 것이다. 우리는 누구나 성공한 사람이 되고 싶다. 그렇지만 성공을 하기 위해 실패를 거듭해야 한다는 것을 기억하는 사람은 얼마나 되는가? 실패하면 자신을 탓하고 좌절하는 것이 보통인데, 페더러는 오히려 그 실패를 이기는 방법을 배우는 시간으로 생각하고 더욱 노력했다. 계속해서 시합에 참가해서 경기를 하면서 더 많이 실패하면서 더 많이 배웠다.

국가 대항전인 데이비스컵 대회에서 있었던 일이다. 페더러가 속한 스위스와 프랑스의 대결이었다. 다섯 경기 중에서 세 경기를 이겨야 하는 경기방식이었다. 페더러는 첫날 단식 경기에서 패배하고 말았다. 두 번째 경기에서 스위스 선수가 승리해서 두 나라는 경기전적이 1:1로 동률을 이루었다. 이제 마지막 세 번째 경기에 페더러가 나서야 하는 순간이 왔다. 첫 경기에서 졌지만 페더러는 그가 알고 싶어 하던 것을 알아냈다고 말했다.[11] 그가 경기를 했던 상대 프랑스 선수의 뛰어난 실력을 높이 평가하는 것도 잊지 않았다. 첫 경기에서 페더러가 무엇을 알아냈는지 모르지만, 그는 그 패배한 경기를 그가 알고 싶은 것을 알아내는 수단으로 삼았다. 이렇게 알아낸 것을 바탕으로 페더러는 남은 두 경기를 모두 승리했고, 최종 스코어가 3:2로 스위스가 승리하게 되었다. 스위스는 이렇게 데이비스컵 대회에서 우승하

---

11   샤를 페팽, 허린 옮김, 『실패의 미덕』(서울: 마리서사, 2018), 78.

는 감격적인 순간을 맞게 되었던 것이다.

실패하는 일은 성공하기보다 쉽다. 그래서 우리의 삶에서 성공보다 실패의 경우가 훨씬 더 많은 것이다. 그러나 문제는 아무도 실패하고 싶지 않다는 사실이다. 다들 성공하고 싶다. 때문에 사람들은 그들이 자주 경험하는 실패들로 인해 엄청난 스트레스를 받는다. 삶이 괴롭다. 불만이 가득하다. 혹시라도 이런 삶을 살아가고 있는 경우라면 페더러를 기억하자. 수많은 실패들을 성공을 위한 배움의 시간들로 간주하고 다음의 시합에 대비했던 페더러처럼 우리가 매일같이 경험하는 크고 작은 실패들을 소중한 배움의 기회로 삼자. 그래서 결국은 승리하는 사람, 성공하는 사람이 되자.

╱ 페더러의 위기 ╱

2004년부터 2015년까지 페더러가 승승장구하던 시절에도 페더러가 항상 좋은 일만 있었던 것은 아니었다. 특히 2008-2009년 시즌 때 페더러는 모노 바이러스에 감염되었다. 이로 인해 한 달 이상 피로감을 느끼는 증상이 계속되었다. 그럼에도 불구하고 페더러는 그 시즌에 선수로서 상당히 좋은 전적을 올렸다. 바이러스에 감염된 사실이 알려지지 않았을 정도로 그는 테니스 경기를 하는데 별 지장이 없는 것처럼 보였다. 하지만 사실 모노 바이러스에 감염된 것은 프로 운동선수에게는 매우 치명적인 일이었다. 로빈 소더링이라는 선수는 프랑스 오픈에서 두 번이나 준우승을 차지했던 선수였으며, 마리오 안치치는 2004년 윔블던 대회에서 4강까지 진출했던 뛰어난 선수였다. 그렇지만 이 두 선수들은 모노 바이러스에 감염되는 바람에 선수생명을 마감하고 현역에서 은퇴하고 말았다.

그렇지만 페더러의 경우에는 이들과 다른 점들이 있었다. 첫째는 페더러의 전성기 때 기량이 압도적으로 뛰어났다는 점이다. 상대 선수보다 월등한 실력으로 인해서 바이러스로 인한 어려움이 있어도 승리를 챙길 수 있는 경우가 많았다. 또한 페더러는 경기 스타일이 체력 조건의 의존도가 상대적으로 낮았던 점이 유리한 점으로 작용했다. 모노 바이러스에 감염되면 체력이 많이 떨어지게 되는데, 페더러는 이런 체력 저하가 그의 경기력을 많이 떨어지게 하지 않았다. 그래서 감염되었음에도 불구하고 그의 기량은 현저하게 감퇴하지 않았다고 볼 수 있다.

그럼에도 불구하고 무리하게 경기에 참가하는 바람에 그 후유증과 부상을 경험하게 되었다. 또한 나이가 많아지는데서 오는 체력의 저하는 결국 경기 성적의 저하로 이어지게 되었다. 이런 상황에서도 모노 바이러스 감염은 페더러에게 그렇게 큰 영향을 주지 않으면서 시즌을 마치는 데 문제가 되지 않았다.

하지만 정작 제대로 된 위기는 2016년에 찾아왔다. 원래 페더러는 프로 테니스 선수들 중에서는 부상을 거의 당한 적이 없는 선수였다. 경기 스타일도 체력을 바탕으로 하는 것이 아니라, 기술 위주의 경기를 하는 것도 부상이 없는 이유 중의 하나라고 할 수 있다. 그런데 2016년에 호주 오픈 준결승 경기에서 조코비치에게 패배하고 나서 호텔로 돌아와서 그의 쌍둥이 딸들을 목욕 시키는 과정에서 그만 욕실에서 미끄러지는 바람에 선수 생활 최초로 왼쪽 무릎 관절의 반월판을 다치고 말았다. 심하게 다쳤기 때문에 페더러는 이 반월판의 재건 수술을 받아야 했다. 수술에서 회복된 이후에 계속해서 대회에 참가했는데, 계속 건강상의 문제들이 생기기 시작했다. 허리 부상도 찾아왔다. 결국 2016년 중반에 나머지 투어 대회참가를 포기하기로 결정했다. 의사들이 무릎 부상과 몸 상태를 고려해서 조언한 것을 받아들이기로 한 것이었다.

2016년 후반기에는 이렇게 해서 투어대회에서 쉬고, 재활훈련에만 전념하게 된다. 겉으로는 경기를 하지 않았기 때문에, 사람들에게는 페더러가 '패배자' 혹은 '실패자'처럼 보였을 지도 모르지만, 그는 재활을 하면서 재기의 기회를 노리고 있었다. 조금씩 연습도 하면서 복귀할 날을 준비하고 있었던 것이다. 이렇게 준비하다가 다음 해인 2017년에 화려하게 현역선수로 복귀했다. 그리고 그해 호주 오픈과 윔블던 대회에서 우승하는 기염을 토했다. 이어서 2018년에도 호주 오픈에서 우승함으로써, 2017년과 2018년 '올해의 재기상'을 받았다.

부상이 없었다면 무리하게 투어 대회에 계속해서 참가했다가 벌써 은퇴한 선수가 되었을 수도 있었다. 하지만 페더러는 한 발 후퇴할 줄도 알았다. 의사의 조언을 받아들이고 투어 대회를 쉬고 재활하면서 몸을 다시 회복할 수 있는 시간을 가졌다. 그 결과 이전과 같은 기량을 가진 선수로 돌아올 수 있었던 것이다. 이렇게 하는 것은 쉬운 일이 아니다. 최고의 기량을 가진 선수였다가 갑자기 한 시즌을 쉬기로 결정을 내리는 것은 어려운 일이었지만, 페더러는 장래를 보았고, 그래서 과감하게 시즌을 접고 다음 해를 준비할 수 있었다.

그러나 2019년 이후 페더러의 경기력은 그의 전성기에 비해 다소 떨어진 것은 사실이다. 1981년 8월 8일생이기 때문에 2022년에 벌써 41살이 되었다. 테니스 선수로서는 정말 노장 선수에 속한다. 20대 초반의 선수들이 즐비한 프로테니스 세계에서 이런 나이로 아직도 정상에 설 수 있다는 것은 놀라운 일이 아닐 수 없다. 테니스는 우리 모두가 잘 알고 있는 것처럼 체력소모가 심한 경기다. 메이저 대회는 길게는 4시간 이상 경기가 지속되기도 한다. 그래서 보통 20대 중 후반에서 선수 생명이 끝나는 스포츠가 테니스인 것이다. 2022년에도 페더러의 기량은 거의 최고의 수준을 유지하고 있었다. 경기 후반부로 갈수록 물론 체력 저하가 생겨서 부담감이 있는 것이 사실이며, 그래서 범실이 많아지고 몸이 느려진다. 하지만 그때까지도 풍부한 경험과 집중력으로 극복하고 있었다. 가능하면 경기를 빨리 끝내려고 최대한 노력하지만 상대에 따라서 경기가 오래 지속되는 건 어쩔 수 없는 일이다.

이렇게 재활을 통해서 제 2의 전성기를 맞았던 페더러를 보면서, 누구나 성공만 맛볼 수 없으며 승리만 할 수는 없다는 것을 깨닫게 된다. 필요할 때 한 발짝 물러나서 재기를 노릴 수 있는 결단력과 자제력이 있어야 페더러처럼 다시 복귀할 수 있고 성공할 수 있는 것이다. 잘 실패했던 페더러는 결국 잘 성공하게 되었다. 잘 실패하는 자만이 진정한 성공을 거둘 수 있다는 것을 페더러의 삶을 보면서 배울 수 있다. 이제는 은퇴해서 프로의 세계에서 뛰는 그의 모습을 더 이상은 볼 수 없게 되었지만, 일반인 페더러의 삶도 프로 테니스 선수 페더러의 삶처럼 잘 실패하는 그것이 되기를 기대해 본다.

스티브 잡스

스티브 잡스(Steve Jobs, 1955~2011)
미국, 애플(Apple)의 창업자

스티브 잡스

／ 필자와 스티브 잡스의 인연 ／

　　　　물론 필자가 직접 잡스를 만나거나 개인적인 친분이 있는 것은 전혀 아니다. 1984년에 필자가 미국으로 유학을 떠났을 때부터 잡스와의 인연은 시작되었다고 할 수 있다. 그해 1월 24일 애플 회사는 매킨토시(Macintosh)라는 개인용 컴퓨터를 출시했는데, 한국에 있을 때는 뉴스로 소식만을 들었는데 막상 미국의 대학교로 가보니 이미 거기 학생들 중에는 이 매킨토시 컴퓨터를 기숙사의 방에 갖다놓고 수업에서 제출해야 하는 과제물들을 준비하고 있는 것을 볼 수 있었다. 기존의 IBM 회사의 개인용 컴퓨터보다 훨씬 작은 크기의 앙증맞게 생긴 매킨토시 컴퓨터를 보는 순간 필자는 그 컴퓨터와 사랑에 빠지고 말았다.

더구나 IBM의 컴퓨터가 복잡한 명령어를 입력해서 사용하도록 되어 있는 반면에 매킨토시는 마우스를 이용해서 커서라고 부르는 화살표 모양을 이동시키면서 사용할 수 있도록 획기적으로 편리하게 고안되었다는 점에서 비교가 되지 않았다. 처음 미국의 대학원에서 공부를 시작했을 때 내 기숙사의 방에는 구식의 기계식 타자기밖에 없었다. 그 타자기로 첫 학기의 과제물들을 작성해서 제출했는데, 그 당시에는 많은 학생들이 그렇게 했기 때문에 나도 별 이질감 없이 생활했었다. 그러나 대학원 2학년이 되자 학생들 중에 매킨토시 컴퓨터를 구입해서 자신들의 기숙사 방에 놓고 사용하는 사람의 수가 점차 늘어나기 시작했다. 필자와 친했던 텍사스 출신의 학생은 자기 기숙사 방에 맥 컴퓨터를 사 놓고 시가를 피우면서 과제물을 작성하고 이것을 방에 있는 프린터로 인쇄하는 것이 아니라, 시내에 있는 출판사에 맡겨서 인쇄하는 것을 보았다. 당시의 필자와는 전혀 다른 세계에 있는 학생처럼 보였고 무척 부러웠다.

　대학원의 졸업반인 3학년 2학기가 되자 석사학위 논문을 써야했는데, 적어도 A4 용지로 50 페이지 정도가 되는 분량을 요구하는 논문이었다. 필자가 가진 타자기로 논문을 쓰면 중간에 수정하거나 새로운 내용을 첨가하게 될 때 처음부터 다시 타자를 쳐야 하는 문제가 발생하게 되었다. 도저히 타자기로는 논문을 쓸 수 없다고 판단되어서, 시내에 있는 중앙도서관의 지하에 있는 학생 공용 컴퓨터를 이용하기로 했다. 여기 있는 공용 컴퓨터는 필자가 그렇게 갖고 싶었던 매킨토시였다. 필자의 기숙사에서 공용 컴퓨터가 있는 도서관까지는 걸어서 30분 정도 걸리는 거리였지만, 거의 매일 정말 즐거운 마음으로 걸어 다녔던 기억이 있다. 논문을 최종적으로 마무리하고 프린터로 논문을 인쇄하는데 그 인쇄되는 소리는 한 마디로 감격 그 자체였다.

이렇게 감격적인 소리를 들으면서 나는 내 석사논문을 모두 인쇄해서 소중하게 가방에 넣고 다시 언덕 위에 있는 기숙사로 돌아왔다. 맥킨토시 컴퓨터로 인쇄를 해서 그랬는지 몰라도 석사 논문은 한 번에 심사를 통과했다. 나는 석사학위를 받고 귀국해서 군에 입대했고 군복무를 무사히 마쳤다. 그리고 천생연분 나의 배필을 만나서 결혼을 했다. 그리고 다시 계속 공부를 하기 위해서 미국으로 아내와 함께 돌아갔다. 그런데 놀라운 것은 내가 유학했던 대학의 부부 기숙사에 들어간 지 일주일 후에 아내는 내게 맥킨토시 컴퓨터를 구입하자고 제안을 했다. 나는 그때 내 귀를 의심했다. 가난한 유학생 신분에 그렇게 비싼 컴퓨터를 구입하는 것은 사치라고 생각해서 나는 아예 아내에게 말을 꺼내지 않고 있었기 때문이다. 배려심이 많은 아내는 그런 내 마음을 벌

써부터 알고 있었다고 했다. 그리고 내가 공부하는데 이 컴퓨터가 큰 도움이 될 거라고도 말했다. 다음날 우리는 컴퓨터를 주문했고, 한 일주일 쯤 지난 후에 우리가 있는 기숙사로 컴퓨터가 배송되었다.

언박싱을 하면서 설레는 마음을 누를 수가 없었고, 아내와 나는 다 연결된 컴퓨터를 보면서 감탄을 연발했다. 작은 크기의 컴퓨터지만 사용하기에 너무 편하고 나는 또 작년에 석사학위 논문을 쓰면서 거의 매일 사용했었기 때문에 익숙하게 작동할 수 있었다. 늘 중앙도서관까지 걸어가야만 사용할 수 있었던 것을 이제 우리 기숙사 거실 책상에서 언제든 사용할 수 있게 되었다니! 마치 꿈을 꾸는 것 같았다. 이렇게 시작된 맥킨토시 컴퓨터와의 인연은 또 하나의 석사학위 논문을 쓸 때와 이어지는 박사학위 논문을 쓸 때까지 계속 이어져서 총 7년을 함께 했다. 결국 박사학위 논문도 한 번에 잘 통과할 수 있었던 것은 다 맥킨토시 컴퓨터 덕이라고 생각한다. 이렇게 나의 삶의 중요한 부분을 공유했던 애플 회사의 컴퓨터는 이 잘 실패하는 법에서 다룰 두 번째 인물로 "스티브 잡스"를 선택하게 만들었다.

╱ 스티브 잡스의 잘 실패하는 법 ╱

애플의 창업자인 스티브 잡스를 모르는 사람은 없을 것이다. 그에 관한 많은 책들과 전기들이 출판되었으며, 그가 발명한 애플의 제품들을 누구나 한 번 쯤은 사용해 본 적이 있을 것이다. 2011년에 췌장암으로 세상을 떠날 때까지 생각의 틀을 바꾸는 창의적인 제품들을 선보이면서 세계의 컴퓨터 산업을 이끌었던 선구자인 잡스는 그의 성(Jobs)처럼 많은 일자리를 창출하고 이 땅을 떠났다. 필자의 대학교 연구실 문에는 복도를 지나가는 학생들과 교수들도 볼 수 있도록 잡스의 사진과 그가 살았던 연도를 붙여놓았다. 그가 세상을 떠나던 해에 붙였던 것으로 기억하고 있다. "1955-2011"이라는 연도는 특히 뒷자리들이 모두 같아서 잘 기억하게 된다. 56년밖에 살지 못했던 천재 스티브 잡스! 그의 삶을 돌아보면서 그가 어떻게 잘 실패한 인생을 살았는지 알아보기로 한다.

1976년 애플 창업
1985년 애플에서 쫓겨남
1997년 애플의 CEO로 복귀
2011년 췌장암으로 사망

이상은 잡스의 짧은 인생 여정을 요약한 목록이라고 할 수 있겠다. 물론 그 사이 사이의 시간들을 이제부터 우리는 채워나가려 하는 것이다. 먼저 잡스의 출생과 성장배경에 관해서 알아보자.

가톨릭교도인 아버지 밑에서 자란 잡스의 친엄마는 시리아에서 미국으로 유학을 와 있던 친아버지는 만나게 되어 사랑에 빠지게 된다. 그리고 양가의 허락을 얻지 못한 채 아들을 출산하게 되는데, 특히 외할아버지의 강력한 반대로 새로 태어난 아들을 입양하기로 결정한다. 그런데 외할아버지가 주장한 입양 부모의 조건이 흥미롭다. 잡스를 입양할 부모는 반드시 대학교를 졸업한 사람들이어야 한다는 것이었다. 그렇지만 고등학교만 졸업한 부부가 서약서를 쓰고 잡스를 입양하게 된다. 양아버지의 이름은 폴 잡스였다. 잡스의 친엄마는 20년 뒤에 아들을 만날 수 있었다. 이렇게 보면 잡스는 그의 출생부터 '실패자'의 출생을 경험했다고 할 수 있다. 양아버지 폴 잡스는 중고 자동차를 수리해서 파는 기계공이었으며, 잡스가 어렸을 때 이미 그가 입양되었다는 사실을 잡스에게 알려주었다고 한다.

학교에 간 잡스는 낙제생이었으며, 혼자서 노는 '외톨이'였고, 사고뭉치였으며, 모범학생과는 아주 거리가 멀었다. 이런 점에서 잡스는 학생으로서도 실패자였던 것이다. 그러나 어느 날 전자공학과 관련된 세트를 선물로 받은 후부터 전자적인 지식에 흥미를 갖기 시작했으며, 활달한 성격을 갖게 된다. 잡스는 그 후부터 각종 전자 제품들의 작동 원리를 익히느라고 시간 가는 줄을 몰랐다.

대학교에 진학한 후에는 고등학교 때 손을 댔던 마약에서 완전히 손을 떼게 된다. 또한 동양철학에도 깊은 관심을 보이기 시작한다. 한 학기 만에 대학교를 중퇴하고 아타리(Atari)라는 광고회사에서 일하게 된다. 즐기면서 돈을 벌 수 있는 곳을 찾다가 이 회사를 알게 되었고, 로비에서 자신을 채용해 줄 때까지 버티겠다고 조르다가 결국 채용되었다고 한다.

불교에 심취해서 회사에 사표를 내고 인도로 여행을 떠났다가 승려가 될 것도 심각하게 고려했지만, 스님이 반대해서 결국 포기했다. 인도 여행 후에 아타리 회사에 복직하게 되고 어릴 적 친구인 위즈니악(Wozniak)과 다시 만나게 된다. 이 두 사람은 환상적인 짝을 이루어서 이후에 잡스는 사업수완을 발휘하고 그의 뛰어난 마케팅 감각을 십분 활용하게 되고, 위즈니악은 천재 엔지니어로서의 능력을 발휘하여 애플의 신화를 창조하게 된다.

친구 위즈니악과 함께 애플 회사를 창업하게 되는데, 회사 이름을 '애플'로 정한 것에는 일화가 있다. 잡스의 식습관과 관련이 되는데, 회사를 창업할 당시에 잡스는 과일만 먹는 식단을 고집하고 있었다. 이런 식단을 갖게된 것은 그가 중학교 때 집단 따돌림을 당했던 일과 관련이 있다. 따돌림 사건 이후에 잡스네 식구는 이사를 가게 되었다. 그런데 새로 이사 간 집 근처에 농사를 짓는 농부가 있었는데, 그에게서 유기농 재배법을 배우고 극단적인 식습관을 갖게 되었던 것이다. 일주일 이상 단식을 한다든가 시리얼만 먹는 등의 변칙적인 식사습관을 갖게 되었다.

물론 이런 식습관은 나중에 췌장암에 걸렸을 때, 오히려 그의 건강을 더 해치는 결과를 가져오게 된다. 단백질도 많이 먹으면서 항암 치료를 해야 하는데, 잡스는 항암 치료 시기에도 과일만 먹는 식단을 고집했다는 것이다. 체력이 뒷받침 되어야 항암 치료를 이겨낼 수 있는데, 잡스는 이런 극단적인 식습관 때문에 그런 체력이 없었기 때문에 더 빨리 사망에 이르게 되었을 가능성도 있다고 전해진다.

다시 회사 이름을 짓는 일화로 돌아오자. 하루는 잡스가 사과 농장에서 돌아오는 길에 그가 창업할 회사의 이름에 대해 생각하던 중에 '애플'이라는 단어가 떠올랐다. '애플'은 재미있고, 생기가 있으며, 위협적이지 않았다. '컴퓨터'라는 단어가 주는 딱딱하고 강한 느낌을 부드럽게 해 줄 수 있는 단어였다. 성경에 나오는 아담과 이브 이야기에서 선악과는 일반적으로 '애플'로 인식되고 이 과일은 인간에게 지혜를 주는 이름으로 기억되고 있다는 점도 장점이었다. 특히 이 브는 선악과를 보고 '먹음직스럽고 지혜롭게 할 만큼 탐스러워 보인다'는 말을 했다고 성경의 창세기에 기록되어 있기 때문에 '애플'은 회사 이름으로 제격이었다.

'애플'은 미국 사람들이 들으면 누구나 친근감을 느낄 수 있는 이름이며, 쉽고 간단하다는 점도 매력적이었다. 또한 회사 이름을 '애플'로 정함으로써 소비자들에게 약간 엉뚱하다는 인상도 심어줄 수 있으면서, 사람들의 회사에 대한 호기심도 불러일으킬 수 있었다. 또한 이 이름은 '파이'를 연상시키며, 동시에 사과는 소박한 전원생활을 상기시켜주며 가장 미국적인 이름이기도 하다는 장점도 있다.

╱ 잡스의 실패 ╱

잡스가 창업을 하던 당시의 IBM 컴퓨터는 크기가 크고 사용법이 복잡했다. 사람들도 쉽게 사용할 수 있는 컴퓨터를 애타게 찾고 있던 상황에서 잡스는 작은 크기의 애플 컴퓨터를 만들었다. 누구나 사용하기 쉽고 마우스와 커서를 사용해서 파일을 열고 옮길 수 있다는 획기적인 아이디어가 실현된 애플 컴퓨터가 세상에 나오는 순간이었다.

앞에서도 언급했던 것처럼, 필자가 미국 유학을 하던 시절에 이 작은 애플 컴퓨터 맥킨토시가 발매되었다. 필자에게는 이 컴퓨터는 너무도 멋져 보였다. 미국 친구가 그의 기숙사 방에 이 맥킨토시를 갖고 있었는데, 한 번 사용할 수 있도록 해 줘서 써 보고는 그만 반해 버렸다. 이제는 어느 회사의 컴퓨터나 모두 마우스와 커서를 사용하지만 그때는 오로지 애플 컴퓨터만 그런 기술을 갖고 있었다.

필자의 이야기는 이쯤 해 두고, 다시 잡스로 돌아와 보기로 하자. 이렇게 애플 컴퓨터는 화려하게 컴퓨터 시장에 뛰어들었고 소비자들의 열렬한 환영을 받았다. 그렇지만 막 컴퓨터 업계에 신고식을 한 애플 컴퓨터는 사용할 수 있는 소프트웨어 종류가 별로 없다는 것을 시인할 수밖에 없었고, 이를 체험한 소비자들은 애플에게 등을 돌리게 되었다. 당연히 애플 컴퓨터의 판매를 급속히 줄어들었다. 소비자들이 사용하기에 불편하다는 점을 인식하게 되었기 때문이다. 또한 야심차게 내놓은 애플 컴퓨터의 맥킨토시 제품들이 연이어서 실패하는 불운도 이어지게 되었다.

이사회의 결정으로 잡스는 자신이 창업한 애플 컴퓨터에서 쫓겨나고 말았다. 현실성 없는 망상가라는 소리를 듣고, 회사를 도탄에 빠뜨린 장본인이라고 손가락질 받았다. 그러나 여기에서 잡스만의 "잘 실패하는 법"이 진가를 발휘하게 된다. 회사에서 쫓겨났다고 좌절하고 낙심하고 있는 것이 아니라, 오히려 잡스는 또 다른 회사인 넥스트를 창업하고, 이 엄청난 실패의 경험을 극복해 나간다. 그만의 방법은 무엇이었을까?

첫째로 그는 이런 말을 했다.

"애플에서 해고된 일은 저에게 일어날 수 있었던 가장 멋진 일이었다."

이건 대체 무슨 말인가? 그는 회사에서 쫓겨나는 큰 실패를 경험하면서 작은 실패들에서 자유로워졌으며, 그가 그때까지 깨닫지 못했던 자만심에서 벗어날 수 있는 기회를 갖게 되었다. 자신만이 최고라는 생각을 버리고 다른 사람들과 협력하는 방법을 배우게 되었던 것이다. 그러자 그가 원래부터 갖고 있던 창의성이 다시 빛을 발하기 시작했다. 이렇게 잡스는 남들이 보기에는 희망이 보이지 않는 실패의 경험을 자신이 새롭게 출발할 수 있는 계기로 삼았다. 이를 바탕으로 그는 애플 회사의 CEO로 복귀할 수 있었으며, 복귀 후에 연이어 내놓은 컴퓨터인 "아이맥 시리즈"가 대성공을 거두게 된다.

/ Think Different! /

이 말은 잡스가 끊임없이 추구했던 모토
(motto)였다. 1997년 잡스가 애플로 복귀했을 때 외쳤던
일종의 구호였다. 이 당시 애플의 직원들은 계속되는 영업
적자로 인해서 사기가 떨어져 있었고, 자신들의 정체성을
잃어버린 상태였다. 이럴 때 잡스는 이 모토를 들고 나왔다.
잡스는 직원들에게 그리고 소비자들에게 이렇게 말했다. 각
자 자신들이 갖고 있는 마음 속 영웅을 떠올리라고. 이건 무
슨 말인가?

잡스는 남들과 다르게 생각할 줄 아는 "미친 사람들"을
찬미하는 메시지를 담은 광고를 제작하게 된다. "미친 자들
을 위해 축배를..."로 시작되는 문구가 그것이다. 원문은 다
음과 같다.

"Here's to the crazy ones. The misfits. The rebels.
The troublemakers. The round pegs in the square
holes. The ones who see things differently. They're not
fond of rules. And they have no respect for the status
quo. You can quote them, disagree with them, glorify
or vilify them. About the only thing you can't do is
ignore them. Because they change things. They push

the human race forward. And while some may see them as the crazy ones, we see genius. Because the people who are crazy enough to think they can change the world, are the ones who do."

"여기 미친 사람들이 있습니다. 그들은 기존의 틀에 맞지 않는 사람들이고 반항아들입니다. 사고뭉치들이기도 하지요. 네모난 구멍에 둥근 못을 박은 것과 같습니다. 사물을 완전히 다른 차원에서 보는 사람들입니다. 그들은 규칙을 좋아하지 않고, 현재의 상황을 존중하지도 않습니다. 당신은 그들을 인용할 수 있고, 그들의 생각에 동의하지 않을 수도 있습니다. 또한 그들을 칭송할 수도 있으며, 비난할 수도 있습니다. 그러나 여러분이 할 수 없는 유일한 일은 그들을 무시하는 것입니다. 왜냐하면 그들은 뭔가를 변화시키기 때문입니다. 그들은 인류를 앞으로 나아가게 합니다. 어떤 사람들은 그들을 미친 자들로 보지만, 우리는 그들을 천재로 봅니다. 왜냐하면 세상을 바꿀 수 있다고 생각할 만큼 미친 자들만이 세상을 바꾸기 때문입니다."

TV 광고로 제작된 영상을 보면 알 수 있듯이 잡스는 일반 사람들로부터 별종이라고 손가락질 받는 사람들, 사회부적격자, 반항아들, 소위 미친 자들을 천재라고 부른다. 그리고 그 천재들이 세상을 바꾼다고 외친다. 잡스는 진정으로 완전히 다르게 생각했기 때문에 애플 컴퓨터를 만들 수 있었고, 아이패드, 아이폰을 창조해 냈다. 컴퓨터는 그저 책상에 놓고 사용해야 한다고 생각하던 모든 사람들을 조롱하면서 얇은 공책과도 같은 컴퓨터를 선보인 것이다. 세계는 너무도 충격을 받았지만, 지금은 어느 회사나 아이패드 같은 컴퓨터를 만들어서 판매하고 있다. 무덤 속에 있는 잡스는 아마도 현재의 우리의 모습을 보면서 미소를 짓고 있지 않을까?

잡스 같은 미친 자, 즉 천재가 사라진 지금 애플은 획기적이고 새로운 제품을 내놓지 못하고 있다. 미친 자가 죽은 후에 보통 사람들만 가득한 애플 회사는 그럭저럭 현상 유지를 하고 있을 뿐이다.

이제 다시 모토 "Think different!"에 대해서 살펴보자. 영어 문법에 맞춰서 보자면 이 모토는 "Think differently"라고 해야 맞다. 동사를 수식하려면 부사가 와야 하기 때문이다. 그렇지만 잡스는 "Think different!"를 고집했다. 잡스에게 문법보다 중요한 것은 회사의 이미지였다. 단지 다르게 생각하라는 것이 아니라, 완전히 다른 것을 생각하라는 의미를 전달하고 싶었던 것이다. 여기서 이 차이점을 잘 이해할 필요가 있다. "다르게 생각해봐"라고 하면 자신의 생각을 조금 수정하면 되는 것이다. 그렇지만 "완전히 다른 것을 생각해봐"라고 하면 자신이 생각했던 것 전체를 잊어버리고 새로운 것을 생각해내야 한다는 말이다. 마치 잡스가 아이패드를 생각해 낸 것처럼 말이다.

독자 여러분들은 어떻게 완전히 다른 것을 생각할 수 있는가? 기존의 틀을 깨야 한다. 지금까지 아무 생각 없이 따라 하던 것들을 멈추고 한 번 더 생각을 해 봐야 하는 것이다. 그래서 필자는 이 책의 제목을 좋아한다. "잘 실패하는 법" 얼마나 형식을 깨는 제목인가? 물론 제목은 필자 자신이 만들었다. 현재 이 제목으로 된 과목을 필자가 있는 대학에서 5년도 넘게 강의하고 있다는 것을 말해 두고 싶다. 수많은 학생들이 이 과목을 수강신청하고 한 학기가 끝나면 내게 카드를 보내주거나 문자 혹은 이메일을 보내준다. "잘 실패하는 법"이라는 과목을 들으면서 학생들 자신이 얼마나 큰 위로를 받았으며, 앞으로 어떻게 살아야 하는 지에 대한 해답을 찾았다고 하면서. 사실 이 과목을 만들 때, 그런 생각을 했었다. "단 한 명의 학생이라도 이 과목을 통해서 도움을 받을 수 있으면 좋겠다. 그들이 지난 시간 동안 많은 실패를 했지만, 그럼에도 불구하고 그들은 실패자가 아니라는 걸 꼭 알기를 바랐다." 그래서 그렇게 피드백을 주는 학생들을 만날 때마다 감동을 받는다.

그러다가 이 책을 쓰게 된 것이다. 아무래도 강의를 통해서 배우는 학생들의 수는 제한적이기 때문에, 보다 많은 학생들, 그리고 일반 성인들도 이 강의 내용을 통해서 소중한 것을 배울 수 있도록 해야겠다는 생각을 했다. 그렇게 하려면 책을 내야 되겠다고 생각하고 이렇게 열심히 강의 내용을 정리하고 있는 중이다.

다시 잡스 이야기로 돌아가 보자. 이렇게 잡스는 그가 제안한 모토처럼 엄청난 제품들을 쏟아냈다. 아이북, 아이팟, 아이폰, 아이패드 등등이 그것들이다. 이런 신제품들이 줄줄이 대성공을 거두었다. 소비자들은 잡스의 기발한 제품들에 열광하면서 그들의 지갑을 열었다. 이런 제품들을 생산해내는 과정에서 잡스는 자신이 과거에 저질렀던 자만심을 버렸다. 자신만이 옳다는 오류를 반복하지 않고 함께 일하는 직원들을 믿고 함께 협력하면서 일을 진행했던 것이다. 그 결과 직원들과 한 마음이 되어 일반적인 생각을 뛰어넘는 제품들을 창조해냈다. 잡스는 자신의 생각이 옳다는 생각이 오히려 틀렸다는 사실을 배웠기 때문이다. 실패를 통해서 겸손해지면 그 결과로 미래의 성공에 다가갈 가능성이 커진다.

잡스가 애플에 복귀한 후 애플은 괄목할 만한 성장을 이룬다. 복귀한 지 2년 만에 회사의 자본은 20억 달러에서 무려 160억 달러로 올랐다. 상상을 초월하는 성장세를 보여준 것이다. 또한 2006년에는 영화사 픽사(Pixar)를 인수해서 연이은 흥행에 성공하게 된다. 잡스는 인터넷에서 음악을 들을 수 있는 새로운 제품 '아이팟'을 2001년부터 선보이게 되는데, 이것 또한 엄청난 대박을 터뜨리게 된다. 손 안에 들어갈 수 있는 작은 아이팟에 수천 곡의 음악을 저장하고 재생할 수 있게 된 것이다. 그전까지 소니의 워크맨에 테이프나 CD를 넣고서 음악을 들었기 때문에 자주 이것들을 갈아주어야 새로운 음악을 들을 수 있었다. 걸어 다니면서 많은 테이프나 CD들을 가지고 다니는 것은 너무도 불편했다. 이 모든 불편함을 단 번에 해결해 주는 것이 아이팟이었던 것이다. 이런 완전히 새로운 발상이 제품으로 만들어졌을 때, 바로 그때 세상이 변하는 것이다. 사람들이 이 새로운 음악 기기를 구입하려고 줄을 섰다. 잡스의 'Think Different'라는 모토가 실현되는 순간들 중의 하나였다.

╱ 잡스의 어록 ╱

1. "항상 갈망하라! 그리고 항상 무모하라!"

　영어로는 "Stay Hungry! Stay Foolish!"라고 한다. 잡스가 2005년에 미국의 명문 대학인 스탠포드 대학의 졸업식에서 했던 말이다. 자신이 이미 이루어놓은 것에 만족하지 말라는 것이다. 계속해서 허기를 느끼라는 말이다. 그래야 계속해서 새로운 것을 생각해낼 수 있고, 만들어낼 수 있기 때문이다. 또한 'Stay Foolish'는 남들이 보기에 무모하다고 생각할 정도의 일을 과감하게 해보라는 것이다. 기존의 틀이나 사고방식에 얽매이지 말고 자유롭게 자신의 생각을 펼치고 행동으로 옮겨보라는 말이다. 이렇게 하는 데는 엄청난 용기가 필요하다. 많은 사람들의 비난을 받을 수도 있고, 손가락질 받을 수도 있다. 그렇지만 바로 그렇게 자유로운 생각이, 남들이 보기에 바보 같은 생각이 세상을 바꾸고 인간의 생활을 더 낫게 만든다. 잡스처럼.

2. "만일 오늘이 내 인생의 마지막 날이라면 지금 하려는 일을 할 것인가?"

잡스는 매일 아침 거울 앞에서 이 질문을 던졌다고 한다. 만일 이 질문에 "아니다"라는 답을 하게 된다면, 당장 그 일을 그만두고 자신이 하고 싶은 일을 시작하라는 것이다. 이 책을 읽는 여러분은 어떤 답을 할 것인가? 누군가 이렇게 말할 수 있다. 이 세상에서 자기가 하고 싶은 일을 하면서 살아가는 사람이 몇이나 되나? 그렇다! 별로 없다. 그래서 이 책을 읽는 우리는 그 별로 없는 사람들 속에 들어가야 한다. 그래야 성공할 수 있다. 잘 실패하는 법에는 이처럼 다른 사람들의 시선을 신경 쓰지 않고 자신이 가장 하고픈 일을 하려고 시도하는 용기가 필요하다. 내일 하루밖에 살 수 없다면 당신은 지금 무엇을 할 것인가?

3. "더 이상 잃을 것이 없으면 가슴이 시키는 대로 살 수 있다."

이 말은 잡스가 1985년에 애플에서 쫓겨났을 때 했던 말이다. 자신이 창업한 회사에서 쫓겨난다는 것은 치욕적인 일이고, 평생 한으로 남을 수 있는 기억이 되었을 것이다. 그러나 잡스는 바로 그런 때 이런 말을 함으로써, 스스로가 얼마나 자유롭게 생각할 수 있는 사람으로 진화했는지를 말하고 있다.

／ 인식의 전환 ／

잡스는 시대의 대세를 거스르는 사람이 되라고 사람들에게 말한다. 잡스가 애플 회사를 창업할 당시까지만 해도 컴퓨터라고 하면 개인들이 갖고 사용할 수 있는 기계라고 생각하기 보다는, 회사나 정부가 개인을 조종하는 도구라는 인식이 사람들 속에 널리 퍼져 있었다. 그래서 컴퓨터를 경멸의 눈초리로 바라보는 것이 일반적이었다. 이런 상황에서 잡스는 발상의 전환을 이끌어 낸다. 즉, 컴퓨터는 자유를 위한 도구라는 인식을 사람들에게 심어준 것이다. 미래로 가는 지름길이라고 역설하면서 사람들에게 누구나 컴퓨터를 잘 이용하면 이전에는 몰랐던 새로운 세계를 만나게 될 것이라는 사실을 알려주었다.

╱ 완벽함이 필요하다 ╱

자동차 기계공 출신이었던 잡스의 양아버지는 늘 잡스에게 눈에 보이지 않는 곳까지도 완벽하게 만들어야 한다고 강조했다. 예를 들어서 애플II 컴퓨터에 들어가는 회로기판의 설계도를 만들 때의 일이었다. 컴퓨터에 들어가는 기판들의 배열이 잘못되었다고 잡스가 지적하면서 처음에 만들었던 설계도를 폐기해버리는 완벽주의를 보여주었다고 한다. 엄청난 비용의 손실과 시간이 소모되는데도 불구하고 완벽한 제품을 고객들에게 제공하고자 하는 잡스의 마음을 볼 수 있는 대목이다. 제품 출시 날짜를 지키지 못하는 것은 일종의 실패라고 할 수 있다. 그러나 그런 실패를 경험하는 한이 있더라도 출시될 제품은 완벽한 상태여야 한다는 것이 잡스의 신념이었다. 일단 출시된 제품에 대해서는 회사가 책임을 져야 한다는 것이다. 제품의 출시 날짜보다 훨씬 중요한 것은 바로 그 제품의 품질이라는 것이 잡스가 보여준 자세였다.

잡스의 마케팅 철학

인터넷이나 잡스에 관한 책에서 쉽게 찾을 수 있는 그의 마케팅 철학은 세 가지다. 첫째는 공감(共感)이다. 고객들의 감정을 이해하고 제품을 이 들의 감정과 연결될 수 있도록 고리를 만드는 것이다. 데스크탑 컴퓨터에 비해서 노트북 컴퓨터가 사용하기 쉽고 가지고 다니기에 가볍고 간편하지만, 사실 노트북을 어디나 가지고 다닌다는 것은 불편하기 짝이 없는 일이다. 그렇기 때문에 이런 불편함을 해소할 수 있는 제품이 필요하다는 것을 잡스는 간파하고 생각을 했다. 컴퓨터의 무게와 크기를 획기적으로 줄일 수 있는 방향으로 제품을 고안해야 한다는 것을 알았다.

아이패드를 처음 고안했을 때, 주변 사람들은 콧방귀를 끼었다. 무슨 수로 공책만큼 얇은 컴퓨터를 만들 수 있겠나? 하지만 사실 이런 질문보다 앞서서 생각해야 하는 것은 잡스 이전에는 그처럼 얇고 가벼운 것이 컴퓨터가 될 수 있다는 가능성을 타진했던 사람이 없었다는 것이다. 아무도 생각해 보지 않았던 것이기에, 잡스는 그 생각을 한 것도 대단하지만, 그런 생각을 포기하지 않고 여러 가지 장벽들에도 불구하고, 초지일관 밀어붙여서 결국 아이패드라는 제품을 선보이게 된 것이 더 대단하다고 생각된다. 소비자들은 완성되고, 성공적인 아이패드 만을 보는 것이지, 그 제품이 만들어지기까지 잡스와 그 연구팀이 겪었던 수많은 실패와 그 실패를 딛고 일어섰던 그 용기와 인내심을 볼 수는 없다. 그렇지만 '잘 실패하는 법'을 알고 있는 독자들은 완성된 제품 뒤에 숨어있는 이런 실패들과 잘 실패하는 법들을 읽어낼 수 있어야 한다.

둘째 마케팅 철학은 <집중>이다. 즉, 중요한 것에만 집중해서 제품을 생산한다는 것이다. 애플은 다른 대기업들과는 달리 여러 분야에 사업을 벌이지 않고, 오직 컴퓨터와 그 부속 기기들에만 초점을 맞춰서 기업을 해 나가고 있다. 그렇게 하기 때문에, 컴퓨터 분야에서는 더욱 더 전문적인 영역을 구축해 나가고 있으며, 익숙하지 않은 분야의 제품을 만들어서 고객들에게 피해를 주는 일이 없다는 점을 기억해야 할 필요가 있다.

셋째 마케팅 철학은 <인상>이다. 애플의 모든 제품들은 애플이라는 기업의 특정한 이미지를 전달해 준다. 회색계통의 톤으로 처리한 애플의 컴퓨터는 사용자로 하여금 차분한 마음을 갖게 하고, 더불어서 애플이 안정적인 회사라는 느낌을 준다. 단순히 많은 제품을 팔아서 이익을 최대한 창출하는 것이 궁극적인 목적이 아니라, 소비자들이 애플의 제품을 통해서 회사가 소비자들의 편리함과 효율성을 위해서 고심해서 이 제품들을 만들었다는 '인상'을 심어주는 것이다.

╱ 단순함이 가장 정교한 것이다 ╱

애플의 모든 제품들은 매우 단순한 디자인이 적용되었으며, 애플의 모토나 로고 등도 단순함을 특징으로 하고 있다. 쉬워서 절대로 잊어버리지 않고 뇌리에 언제나 남아 있게 된다. 애플이 주창하는 단순함을 이해하기 위해서는 애플의 로고에 대한 이야기를 해야 한다. 누구나 아는 것처럼 사과를 조금 베어 먹은 것 같은 애플의 로고는 무척이나 친숙한 것이 사실이다. 잡스는 회사의 이름을 애플이라고 정한 후에 로고를 만들어야 하는 상황에 놓였는데, 과연 온전한 사과 모양을 로고로 할 것인 지, 아니면 한 입 베어 먹은 사과 모양으로 해야 할 지를 정해야 하게 되었다. 디자이너들이 두 종류의 로고 디자인을 잡스에게 가져왔는데, 고심을 하던 그의 선택은 한 입 먹은 사과 모양이었다.

이런 선택을 한 데는 이유가 있었다. 성경의 창세기 첫 부분에 나오는 아담과 하와의 이야기에서 하와는 뱀의 유혹에 넘어가서 하나님이 먹지 말라고 하신 선악과를 먹게 된다. 이것이 인간의 원죄가 되는 데, 이런 인간의 모습을 보여주는 것을 로고로 정했다는 것이다. 그리고 이것은 하와가

선악과를 먹으면 하나님처럼 정말 될 수 있는지 궁금했던 그 호기심을 상징한다고 잡스는 보았다. 역사적으로 호기심은 인간을 항상 한 걸음 더 앞으로 나가게 만들었던 원동력이 되었다. 호기심이 없다면 잡스가 이렇게 많은 획기적이고 발상의 전환을 이룬 제품들을 발명할 수 없었을 것이다. 결국 애플의 로고는 인간의 문명이 발전할 수 있는 근본적인 힘이 되는 호기심을 상징하고 있다. 한 입 베어 먹은 사과는 우리 모두를 새로운 세계로 탐험을 떠나자고 초대하고 있는 것이다.

／ 미래를 보고 이상을 추구하라! ／

잡스는 평소에 입버릇처럼 공책 한 권 크기의 컴퓨터를 만들 것이라고 말했다. 그리고 그것을 마침내 만들어냈다. 아무도 꿈도 꾸지 못했던 그런 컴퓨터를 우리에게 안겨 주었다. 지금은 누구나 아이패드를 당연한 것처럼 받아들이지만 처음 아이패드가 출시되었을 때, 소비자들은 믿을 수가 없었다. 정말 저렇게 얇은 금속판이 컴퓨터의 역할을 할 수 있을까? 모두들 이렇게 생각했었다. 왜 그랬나? 이전까지 없었던 것이었기 때문이다. 이전에 없었던 것은 새로 만들기 불가능하다는 생각이 우리의 마음 깊은 곳에 자리 잡고 있다. 그래서 누구나 우리가 알고 있고 이미 익숙해 진 것을 가지고 제품을 만들려고 한다는 것이 문제였음을 잡스는 보여주었다. 그것도 여러 번에 걸쳐서. 그가 죽고 나자 아무도 그렇게 우리의 사고의 전환을 일깨워주는 천재가 없다. 그가 가고 나니 아무도 없는 것이다. 그래서 난 내 연구실 문에 그의 사진을 붙여 놓았다. 그리고 그가 늘 이야기했던 표어를 붙였다. "Think Different !" 연구실에 들어갈 때마다 잡스의 생각을 닮으려는 나를 발견하게 된다. 우리 모두는 잡스처럼 될 수 있다. 단지 생각을 다르게 해야 한다. 전혀 다른 생각을 해야 한다. 남이 A처럼 생각할 때, 난 B처럼 생각해서는 아무 것도 새로운 것을 만들어낼 수 없다. 남이 A처럼 생각할 때, 난 아예 seven을 생각해야 한다는 말이다. 아예 생각 자체를 다르게 하는 연습을 해야 한다.

현실이 만족스럽게 돌아가고 있을 때, 거기에 안주하면 그냥 그런 정도로 살아가게 된다. 하지만 잡스는 말한다. 현실 안주가 아니라, 이상을 추구하라고. "넌 너무 이상적이야"라고 누군가 우리에게 말한다면, 웃음을 지어라. 좋은 이야기니까. "그래. 난 이상적이다. 그래서 왜? 그게 어때서?"라고 대꾸해 줄 준비가 되어 있어야 한다. 우리 모두는 단 한 번의 생을 살아간다. 죽으면 끝이고, 다시 삶을 살 수는 없다. 그렇다면 우리에게 주어진 단 한 번의 삶을 이상을 추구하는 것에 바칠 생각은 없는가? 물론 이상을 추구하다보면 수많은 실패를 경험하게 될 것이다. 그것을 두려워하지 말라. 실패는 다시 수정할 수 있는 길을 알려준 것이고, 그래서 우리는 성공할 수 있는 더 나은 방법을 찾아볼 수 있는 기회를 얻었다. 더 많이 실패하고, 그래도 계속 이상을 따라가라. 그래서 결국 성공하라. 그게 우리에게 주어진 삶에 대해 존경을 표하는 길이고, 소중하게 여기는 방법이기 때문이다. 내가 좋아하는 문구 중에 "One life to live"라는 것이 있다. "살아갈 한 번의 삶"이라고 번역할 수 있을 텐데, 사실 미국에서 인기리에 방영되었던 일일 연속극의 제목이었다. 단한 번 주어지는 당신의 삶을 당신은 어떻게 살고 싶은가? 선택은 여러분의 몫이다.

맥킨토시 컴퓨터의 탄생

잡스는 일반 대중들이 저렴한 가격에 구입해서 편리하게 사용할 수 있는 컴퓨터를 내놓기로 착안하고 연구를 거듭하여 새로운 컴퓨터를 출시했다. 그 컴퓨터의 이름은 역시 사과의 품종들 중의 하나인 <맥킨토시>였다. 사실 필자는 처음 이 컴퓨터가 판매되기 시작했을 때, 맥킨토시라는 이름을 사과의 품종과 연결시킬 생각은 전혀 하지 못했었다. 이 제품은 대중들의 수요를 충족시켜주었기 때문에 날개 돋친 듯 팔려나갔다. 이렇게 좋은 상황이 되고 있지만 처음에는 어려움도 있었다.

　오디오 기기 회사의 이름 중에 잘 알려진 회사가 <맥킨 토시>라는 이름을 갖고 있었던 것이다. 이미 대중들에게 익숙한 오디오 회사 이름을 애플이 신제품을 통해서 뛰어넘을 수 있을지 미지수였다. 따라서 그대로 밀어붙였으면 신제품이 실패할 가능성이 많았는데, 잡스는 이런 상황에서 이 난관을 헤쳐 나갈 수 있는 대책을 마련했다. 그것은 원래 오디오 회사 이름의 철자는 Mcintosh 였는데, 잡스는 신제품의 철자를 Macintosh 로 명명했던 것이다. 철자가 다르니까 다른 회사가 될 수밖에 없고, 고객들로부터 신생 제품으로써 사랑을 받게 되었다. 실패할 가능성이 보일 때, 이를 극복할 수 있는 저력을 보여준 잡스는 이런 능력을 그가 이미 체험했던 실패들을 통해서 이끌어낼 수 있었다. 즉, 이전의 "잘 실패했던 것"이 큰 자산이 되었기 때문이다.

╱ 고객과의 약속을 지킨다. ╱

　　　맥킨토시의 출시 날짜를 보면 예정되었던 날짜보다 훨씬 늦게 출시되었던 것을 알 수 있는데, 여기에는 잡스의 원칙이 적용된 것을 알 수 있다. 잡스는 '잘못된 제품을 출시하는 것보다 출시 일정을 어기는 게 낫다'라고 말하면서 직원들을 독려했다고 한다. 사실 출시 날짜를 어기는 것은 컴퓨터 사업 세계에서는 패배나 마찬가지라고 할 수 있다. 하지만 잡스는 다른 사람들과 생각 자체가 전혀 달랐다. 고객과의 약속은 출시 날짜를 지키는 것보다 중요한 것이 있다는 것이다. 그것은 제품이 출시되기 전까지 그 제품은 아직 완성된 것이 아니기 때문에, 그 제품의 완성도에 책임을 질 수 있을 때까지 다시 점검을 해야 한다는 것이다. 이것이야말로 맥킨토시를 구입하게 될 고객들과의 약속을 지키는 것이라고 잡스는 생각했고 이런 그의 생각은 모든 애플의 제품들에게도 그대로 적용되었다.

/ 스티브 잡스의 실패와 성공 /

자기 자신이 설립한 회사에서 쫓겨난다는 것은 일생일대의 굴욕이자 수치라고 할 수 있다. 그러나 이런 경험을 통해서 잡스는 많은 것을 배웠다고 말한다. 엄청난 실패조차도 그에게는 배움의 과정이었던 것이다. 동시에 이런 체험을 통해서 그전까지 자신만이 옳다는 생각뿐이었던 사고방식을 떨쳐버리고 다른 사람이 옳을 수도 있다는 가능성을 받아들이는 사람으로 변화했다.

　이를 통해서 인생 최악의 위기를 최상의 기회로 전환시킬 수 있었다. 다시 애플의 대표이사로 복귀했을 때 애플을 최고의 회사로 회생시키게 된다. 비록 췌장암으로 세상을 떠났지만, 그의 죽음조차도 실패는 아닌 것이다. 인터넷에서 췌장암이라는 치명적인 병마와 싸우느라 수척해진 잡스의 사진을 볼 수 있지만, 나에게 잡스는 인간을 이롭게 하고 세상을 편리하게 만든 영웅이자 천재다. 수많은 실패들이 그를 강하게 만들었고, 더 큰 사람으로 만들었다. 실패를 통해 많은 것을 배운 스티브 잡스! 우리는 그를 이 시대의 선구자라고 부른다. 그리고 그는 잘 실패하는 법을 터득했던 사람이었다.

모차르트

볼프강 아마데우스 모차르트
(Volfgang Amadeus Mozart, 1756-1791)
오스트리아, 작곡가

볼프강 아마데우스 모차르트

나는 왜 모차르트를 좋아하는가? 역설적으로 내게는 클래식 음악에 대한 안 좋은 기억이 있는데도 불구하고 결국 모차르트라는 작곡가의 작품에 한해서지만, 클래식 음악을 좋아하게 되었다. 결론부터 말하자면 클래식 음악에 대한 나의 실패는 내가 진심으로 이것을 좋아하게 만드는 계기가 되었던 것이다.

대학교에 입학한 후에 나도 고상하게 음악을 감상하는 사람처럼 되고 싶었던 마음이 있었다. 그런 사람들은 대개 클래식 음악을 들었다. 가요나 팝송이 아니라. 그래서 나도 내가 들어간 대학에서 여러 동아리들 중에 클래식 음악 감상 동아리에 무작정 들어갔다. 이런 음악에 문외한이었던 나는 이 동아리에 들어가면 체계적으로 클래식 음악에 대해서 배울 수 있을 줄 알았는데, 이런 나의 생각은 엄청난 착각이었다는 것을 동아리에 들어간 지 며칠 만에 알게 되었다. 그 동아리는 나 같은 초보들이 들어갈 수 있는 자리가 아예 마련되어 있지 않은 곳이었고, 이미 클래식 음악을 오랫동안 들어왔던 학생들이 서로 의견을 나누고, 같이 음악을 듣는 곳이었던 것이다. 그래도 나는 한 번 마음먹은 게 있으니까 어떻게 하던 클래식 음악을 배우려고 노력했었다. 하지만 그해 여름에 떠난 동아리 MT에서 그런 내 노력은 완전히 수포로 돌아가고 내 마음도 그 동아리에서 아주 멀어져 버리는 사건이 발생하고 말았다.

꽤 즐거운 마음으로 떠난 MT에서 나는 뭘 잘못 먹었는지는 모르겠는데, 그만 장에 탈이 나고 말았다. 계속해서 화장실에 가야 했고, 먹은 것은 뭐든지 설사를 하게 되었다. 온 몸에 힘이 빠지고 아무 것도 생각할 수가 없는 상태가 되었다. 나는 아직 일정이 남은 MT를 끝까지 참여할 수 없을 것 같아서 그만 집으로 가려고 했지만, 교통편이 여의치 않아서 그대로 남을 수밖에 없었고, 나의 상태는 점점 나빠지고 있었다. 그런데 놀라운 것은 그 MT에 참여한 학생들 중에서 아무도 내 사정을 진지하게 받아들이는 사람이 없었다는 것이다. 별거 아닌 것처럼 생각하면서 좀 쉬면 좋아질 거라고만 이야기하고 어떤 조처를 취해주지를 않았다. 그래서 계속 참다가 결국 서울역에서 MT 해단식을 하고 집으로 돌아왔다. 그리고는 병원에 갔고 약을 처방받아서 먹고 집에서 맛있는 음식을 먹으니까 이틀 만에 원기를 회복할 수 있었다. 이런 경험을 하고 나니까 그 동아리는 꼴도 보기 싫었고, 거기에 있는 학생들 모두 한심하게 보였으며 그래서 졸업할 때까지 누구와도 상종하지 않았다.

그런데 참으로 이상한 것은 이렇게 안 좋은 기억을 갖게 된 내가 오히려 클래식 음악에 관심을 갖게 되었다는 것이다. 일종의 오기가 생겼던 것인지도 모르겠지만, 나는 적극적으로 클래식 음악에 관심을 갖고 여러 작품들을 찾아서 듣기 시작했다. 그 과정에서 나와 잘 맞는 작곡가를 만나게 되었는데, 그게 바로 모차르트였다. 이상하게도 그의 음악을 듣고 있으면 기분이 좋아졌고 힘이 났으며, 새로운 용기도 생겼다. 그리고 한 가지 든 생각은 클래식 음악의 세계에는 엄청나게 많은 작곡가들의 작품이 있는데, 내가 아무리 이 음악에 대한 관심이 생겼다고 해도 그렇게 다양한 작품들을 다 들으면서 즐길 수는 없을 거라는 것이었다. 그래서 내가 좋아하게 된 모차르트의 작품만을 듣기로 결심했다. 그의 작품을 사서 모으면서 집중적으로 듣게 되니까 어디에서든 그의 음악이 흘러나오면 내가 알아차릴 수 있게 되는 것이었다. 나중에 대학을 졸업하고 미국으로 유학을 갔을 때도 그 대학 도서관에서 모차르트의 작품 목록을 찾아서 복사해서 늘 갖고 다녔다. 그 목록에 나오는 620여 곡에 달하는 작품들을 하나씩 사서 모으면서 듣기 시작했다. 물론 아직도 그 곡들을 다 모은 것은 아니지만 그래도 많은 모차르트의 소나타와 콘체르토, 오페라 등의 작품들을 모았으며, 반복해서 듣고 또 들었다. 이렇게 해서 모차르트와 나의 인연은 지금까지도 계속되고 있으며, 그의 음악을 들을 때마다 안 좋았던 대학 동아리의 기억보다는 음악을 통해서 내가 치유되고 힘을 얻게 되었던 좋은 기억들만 떠오르게 되었다. 결국 클래식 음악에 대한 실패의 경험을 아주 잘 실패했던 나는 평생의 친구인 모차르트를 만나서 나의 삶이 풍성해지고 치유를 받는 놀라운 축복을 경험하게 되었고 지금도 현재 진행 중이다. 이런 모차르트를 내 저서에서 다루는 인물로 선정한 것은 어쩌면 당연한 것일 지도 모른다.

클래식 음악을 좋아하는 사람이라면 누구나 모차르트의 음악을 익숙하게 들었을 것이다. 필자는 클래식 음악가들 중에서 오직 모차르트의 작품만을 듣는다. 너무도 많은 작곡가들이 있는 것도 이유가 될 수 있지만, 무엇보다도 내가 모차르트의 음악을 좋아한다는 데 있다. 그의 음악은 마음을 즐겁게 하고, 밝게 해 주어서 내가 그래도 좋은 사람이라는 생각을 갖게 해 준다. 그래서 그가 작곡한 총 620여 곡들을 대학생 때부터 모아서 듣고 있다. 아쉬운 점은 그가 35세의 젊은 나이에 사망했다는 것이다. 1756년에 태어나서 1791년에 사망한 모차르트는 천재로 명성이 높았지만, 그도 역시 많은 실패를 경험하고 그 실패들을 잘 극복한 사람이었던 것은 틀림없다. 이제부터 우리는 모차르트의 생애를 되짚어 보면서 그가 경험했던 실패들의 내용을 정리하고 그가 어떻게 이런 실패들 속에서 '실패자'가 되지 않고 성공을 이끌어낼 수 있었던 지를 알아보기로 하자.

성장 배경

모차르트는 1756년 오트리아의 잘츠부르크에서 태어났다. 일곱 자녀들 중에서 막내였던 모차르트는 그의 형제들이 대부분 사망하고 5살 위의 누나와 둘만 살아남았다. 그 당시 비위생적인 환경 속에서 유아사망률이 높았던 것을 감안하면 이해할 수 있는 대목이라고 하겠다. 누나는 피아노의 전신인 하프시코드를 잘 쳤지만, 모차르트의 천재성에 빛이 바랬다. 모차르트가 태어날 때 그의 아버지 레오폴트는 37세였으며, 대주교의 궁정악단 바이올린 주자였으며, 궁정 작곡가이자 부악장으로 활동하고 있었으며 바이올린 교본을 출판해서 큰 명성을 얻었다. 모차르트의 할

아버지도 음악가였다고 하니, 음악가 집안에서 모차르트는
자연스럽게 음악의 길로 걸어가게 되었다.

모차르트는 천재라는 말에 어울리게 이미 6세 때 첫 작
품을 작곡했다. 어린 그는 자신 속에 이미 음악을 품고 있었
다고 해도 과언이 아니다. 특히 그가 작곡하고 있을 때는 엄
청나게 집중력을 보이는 습관을 갖고 있었다. 아버지는 아
들의 이런 천재적인 재능을 개발하고자 연주여행을 계획하
게 된다. 그러나 이런 연주여행은 18세기 당시의 열악한 교
통편을 생각하면, 어린 모차르트에게 무척이나 힘들고 지나
치게 무리한 여정이었다. 어린 나이에 강행했던 무리한 여
행은 병을 불러왔으며, 이로 인해 모차르트는 짧은 유명세
를 탔을 뿐, 곧 그의 명성은 시들해졌다. 특히 빈(Vien)의
청중들은 금방 그에게 싫증을 냈다. 너무 어린 나이에 무리
한 연주여행은 결국 모차르트에게는 일종의 '실패'의 경험
이 되었다. 아무리 천재라도 건강이 뒷받침되지 않으면 소
용이 없게 된다는 것을 아주 어릴 때부터 모차르트는 깨닫
게 되었다.

모차르트가 어릴 당시에 음악가들의 생활을 엿볼 수 있
는 내용을 살펴보기로 하자. 계몽주의 시대였던 당시에 음
악가들은 각 지역을 다시리는 군주들이 베푸는 호의에 좌
우되는 하인에 불과했다. 오늘날처럼 대접을 받는 전문가

가 아니라, 그저 지방 영주나 주교들의 오락거리 수단에 지나지 않았던 것이다. 이 당시 음악가들은 자신들만의 예술 세계에서 창작을 위한 낭만적인 삶을 사는 그런 예술가들이 전혀 아니었다. 오로지 군주나 영주, 주교들의 눈치를 보면서 그들의 비위를 맞추는 광대보다 더 나은 것도 없었다. 아버지가 함께 가지 않았던 연주여행을 할 때도 모차르트는 아버지께 자주 편지를 썼었는데, 항상 편지의 끝에는 "천 번의 키스를 보내며."라고 써서 아버지에 대한 사랑을 표현했다고 한다. 이 얼마나 사랑이 넘치는 천재의 모습인가?

당시의 기악연주자, 성악가, 작곡가들은 일정한 보수조차 없었다. 영주나 주교들로부터 시계나 담배상자 등의 선물을 받는 게 고작이었는데, 이런 것들은 돈으로 바꿀 수도 없는 것들이어서, 음악가들은 최대한의 인내심을 발휘하면서 살아야 했다.

6세 때 작곡을 시작한 모차르트는 8세 때 첫 교향곡을 작곡하기에 이르렀는데 4악장으로 구성된 총 40분가량 되는 작품이었다. 그리고 11세 때는 첫 오페라를 작곡하기까지 했다. 이런 곡들을 연주하면서 유럽을 돌아다니다 보니, 가는 곳마다 모차르트와 그의 누나 '나네를'의 천재적인 연주는 청중들의 감탄을 자아냈다. 누나는 하프시코드를 연주하고 모차르트는 피아노를 연주했는데, 둘의 호흡도 잘 맞아서 큰 명성을 얻었다.

/ 모차르트의 천재성을 의심하는 사람들 /

영국인 판사 배링턴은 모차르트의 연주를 듣고 그렇게 어린 나이에 뛰어난 연주를 하는 것은 불가능하다고 하면서 모차르트가 속임수를 쓰고 있다고 주장했다. 이를 증명하기 위해서 모차르트는 본 적이 없는 악보를 주고 연주해 보라고 주문하기에 이르렀다. 이 악보를 아무런 문제없이 훌륭하게 연주해 내자, 그는 모차르트에게 주제를 정해주고 작곡을 해 보라고 주문했다. 그러나 이번에도 모차르트는 멋진 곡을 작곡해 보였다. 그러자 배링턴은 모차르트는 속임수를 쓰는 아이가 아니라, 진짜 천재라고 하는 보고서를 작성하게 된다.

우리는 삶 속에서 우리 자신의 능력을 의심받는 일을 경험하는 경우가 있다. 분명히 내 능력으로 해 낸 일인데도, 시기하는 사람들로 인해서 남의 것을 모방했다고 모함을 받는 경우가 생기게 된다. 본인은 답답하겠지만, 이런 경우에도 우리는 참아야 한다. 적극적으로 자신을 방어하려고 하지 말고, 참으면서 묵묵하게 자신의 일을 해 나가야 한다. 옳고 그른 것은 언젠가는 밝혀지기 마련이고, 그때가 오면 나 스스로를 변호하지 않았던 것이 오히려 나에게 커다란 득이 되어 돌아오게 된다.

모차르트도 배링턴에 의해 의심을 받아서 마치 겉으로는 실패자처럼 보였을 것이다. 하지만 자신의 능력을 입증해 나가는 일만 했던 모차르트는 실패자가 아니라, 진정한 천 재의 면모를 보여주게 되었고, 오히려 배링턴이 스스로 모 차르트의 천재성을 입증해 주는 결과를 낳았다. 가장 실패 했다고 생각되는 시점이 바로 자신의 능력을 보여줄 기회이 다. 자신을 변호하는 대신에 자신만의 능력을 펼치라. 그러 면 그 능력으로 인해 우리는 우리의 가치를 입증하게 될 것 이고, 실패자가 아니라 성공한 사람이 될 것이다.

╱ 수많은 연주여행 ╱

연주여행은 말처럼 그렇게 낭만적이거나 즐거운 시간이 아니었다. 계속해서 여러 도시들을 돌아다니 느라고 몸은 늘 고되고, 숙식은 형편없었다. 18세기 말의 유 럽은 여행자들에게 호의적인 환경을 갖추고 있지 못했다. 아직도 어린 나이였던 모차르트에게 이렇게 계속 강행군으 로 이어지는 연주여행은 육체적으로 보면 너무 힘들고 괴로운 시간들의 연속이었다. 그렇지만 이렇게 부정적인 면 만 있었던 것은 아니었다. 즉, 육체적으로는 '실패'한 환경이라고 하겠지만, '음악적'으로는 전혀 다른 결과를 가져다주었다. 모차르트의 음악 세계를 발전시키고 풍부하게 만들어주는 결정적인 계기가 되었다. 수많은 도시들에서 만난 음악가들과의 교류를 통해서 그의 음악은 다양성을 갖게 되었고, 성숙해졌다. 우물 안 개구리가 될 수 있었던 그에게 연주여행은 보다 넓은 세상을 보여주었고, 많은 음악들을 만나게 해 주었던 것이다. 결국 남들이 보기에는 힘들고 무리한 강행군처럼 보여서 '실패'라고 평가될 수 있었던 연주여행은 실제로는 정상급 작곡가이자 바이올린 연주자인 모차르트의 아버지의 아들에 대한 능력 개발 프로젝트였던 것이다. 어린 나이에 천재적인 능력을 보여준 아들의 능력을 한층 더 향상시켜 줄 수 있는 방법으로 아버지가 눈물을 머금고 택한 것이 연주여행이었다.

태어나고 보니 천재

모차르트는 누가 뭐라고 해도 천재였다. 하지만 이런 천재도 그 능력을 개발하는 끊임없는 노력이 있어야 한다. 그래야 예술가로서, 즉 음악가로서 성장할 수 있는 것이다. 물론 모차르트는 외할아버지, 아버지, 누나가 모두 음악을 하는 음악가 집안에서 태어났기 때문에, 유리한 조건을 갖고 있었다고 하겠다. 하지만 음악가 집안의 사람들이 모두 뛰어난 음악가로 성장하는 것은 아니었다.

✎ 모차르트의 시대가 만들어낸 천재 ✎

모차르트가 태어나서 성장하고 음악가로 꽃피우던 18세기 중반에서 후반의 상황을 살펴보자. 당시에는 일반인들을 위한 음악회라는 것은 아예 없었다. 오직 귀족들만을 위한 음악회가 있었을 뿐이었다. 지금처럼 CD나 USB를 통해서 혹은 휴대폰으로 음악을 들을 수도 없었던 시절이었다. 음악을 접할 수 있는 유일한 방법은 연주자의 음악을 직접 듣는 것이었다. 우리가 이미 구시대의 유물이라고 치부하는 LP 레코드판이 발명된 것은 1931년이었는데, 모차르트가 사망한(1791년) 지 약 140년 후의 일이었다. 여기에다 설상가상으로 하나의 작품에 대한 악보를 구하기도 하늘의 별따기처럼 힘든 시절이었다. 그러니까 일반인들이 음악을 좋아해도 들을 수 있는 기회가 거의 없고, 연주하고 싶어도 악보가 없는 참으로 막막한 시대였다고 할 수 있다.

이런 상황에서 연주여행은 모차르트에게 유럽 각국의 다양한 음악계에 대한 경험을 넓혀 주었고, 음악의 대가들과의 만남을 가능케 해 주었다. 이것이 천재 모차르트의 무한한 능력을 더욱더 크게 향상시켜 주었던 것이다. 연주여행을 통해서 유럽 각지를 돌면서 누나와 함께 연주를 했던 모차르트는 베토벤과 하이든 같은 음악의 대가들의 곡을 접하게 되었다. 그리고 그 시대의 작곡의 관행들을 완전히 터득할 수 있는 기회도 되었다. 타고난 천재성이 그 시대의 문화 속에서 크게 개발된 결과물이 바로 모차르트의 작품이라고 하겠다. 자기 자신이 천재인 것도 매우 유리한 점이지만, 동시에 시대적 상황도 맞물려서 작용해야 진정한 천재 작곡가는 배출되는 것이다.

╱ 음악밖에 모르는 사람은 아니었다. ╱

모차르트는 그의 천재적인 능력 때문에, 사람들이 보통 그가 음악 이외의 것은 잘 모르거나 잘하는 것도 없을 것이라고 속단하는 경우가 있다. 하지만 그렇지 않았다. 그는 문학과 수학 등 다양한 분야의 지식을 습득했으며, 불어와 라틴어 공부에도 전념하였다. 또한 유럽의 역사와 그 유적지들에 대해서도 관심을 갖고 있었으며, 새로운 과학 문물과 기계에 대한 관심도 높았다. 이런 그의 지식과 흥미는 그의 악기를 개량하는데 큰 도움이 되었다.

　세상을 살아가는데 한 가지만 잘하는 것은 충분하지 않다. 다양한 분야를 잘해야 잘 먹고 잘 살 수 있다는 진부한 이야기를 하는 것이 아니다. 물론 현대사회는 한 가지 분야에서 두각을 나타내면 많은 돈을 벌 수 있는 것이 사실이다. 하지만, 축구 선수가 뛰어난 실력을 갖추고 많은 골을 넣었을 때 인터뷰를 한다고 가정해 보자. 그가 말하는 한 마디 한 마디에 그의 교육정도가 드러나고 지식의 깊이가 나타나게 된다. '잘 실패하는 법'을 터득해서 성공했다면 그 성공을 잘 유지해나가는 것이 또한 중요하다. 관심을 갖고 있는 여러 분야에 대한 지식을 넓혀 나가는 것이 성공을 계속 누릴 수 있는 비결이 된다. 한 번의 성공을 거두었더라도, 마치 남들이 보기에는 실패한 사람처럼 계속해서 자신의 약점들을 보완하려는 자세가 필요하다는 말이다. 부지런히 이렇게 하는 사람은 한 번의 성공에서 그치는 것이 아니라, 계속해서 성공을 맛볼 수 있게 되는 것이다.

아직도 어린 나이에 불과한 13세에 모차르트는 잘츠부르크 궁정악단 제3바이올리니스트로 임명받게 된다. 독자들 중에는 그가 피아노 연주자가 아니라, 바이올린 연주자로 일을 하게 되었다고 하니까 의아해 하는 사람들이 있을 것이다. 그렇지만 모차르트의 아버지가 유명한 바이올린 연주자이고 모차르트도 어릴 적부터 바이올린을 배워서 상당한 수준의 실력을 갖추고 있었다는 것을 알았다면 별로 이상하게 생각되지 않았을 것이다. 한 마디로 못하는 게 없는 천재라는 말이 잘 어울리는 인물이 바로 모차르트였다.

비록 이 자리는 무급 직이었지만, 나중에 유급으로 전환해 줄 수 있다는 약속을 받아냈다. 이때 모차르트는 교황청을 방문 했을 때 들었던 <미제레레>("주여 불쌍히 여기소서!")라는 총 10분 분량의 곡을 듣게 된다. 이 곡은 바티칸에서만 들을 수 있었고, 그 독점권을 시스티나 성당이 갖고 있었으며 이 곡의 악보도 공개하는 것이 금지되어 있었다. 이런 상황에서 <미제레레>를 처음 들은 모차르트는 계속해서 두 번째로 들을 수 있는 기회를 얻었다. 그리고는 집으로 가서 전체 곡을 외워서 악보로 옮기는데 성공했다. 그때까지 아무도 이 곡을 듣고 악보로 옮길 수 있었던 사람이 없었는데, 음악의 신동 모차르트는 별일도 아니라는 듯이 성공했던 것이다. 이렇게 모든 천재성을 골고루 갖춘 모차르트도 실패한 적이 있을까? 아니 '실패'라는 단어가 그에게는 너무 어울리지 않는 것이 아닌가?

/ 모차르트의 실패와 좌절 /

1771년이 되어 모차르트의 나이가 15세가 되었다. 카를 공의 궁정음악가로 재직할 수 있는 기회가 찾아왔지만, 합스부르크 공화국의 여 황제인 마리아 테레지아가 극렬하게 반대했다.[12] 모차르트의 연주여행을 빗대서 거지처럼 온 세상을 떠돌아다니는 쓸모없는 사람들을 고용하지 말라고 지시해 두었던 것이다. 이렇게 모차르트는 실패를 맛보게 되었으며, 안정된 연주자의 자리를 갖지 못하고 방황하는 시간들이 계속되었다. 그러나 중요한 것은 그가 그대로 '실패자'가 되었던 것은 아니라는 점이다. 단지 한 번의 '실패'를 경험한 것에 불과했고, 모차르트도 이런 사실을 잘 알고 있었다.

---

12   그녀는 신성로마제국의 카를 6세의 장녀였다.

2년 후 모차르트가 17세가 되던 1773년 모차르트는 비로소 잘츠부르크 대주교의 궁정 음악가로 고용된다. 연봉은 고작 150 굴덴 이었는데 오늘날 원화로 환산하면 600만 원 정도였다. 여유로운 생활을 하려면 연봉 1000 굴덴이 있어야 했지만, 그의 연봉은 턱없이 부족했다. 그는 오페라를 작곡하고 싶었지만, 잘츠부르크는 오페라 공연의 기회가 많지 않은 도시였다. 따라서 모차르트는 오페라 작곡에 전념할 수 없었으며, 완성을 하더라도 공연할 곳이 마땅치 않은 형편이었다.

이 당시 음악가들의 지위는 정말 형편없었다. 대부분 잘되는 경우가 황제, 국왕, 귀족들의 궁정 음악가로 고용되는 것이었다. 그렇지만 이런 경우 조차도 실상은 그들의 하인과 다름없는 생활을 했다. 좋게 말해서 전문직 고급하인의 일자리를 갖게 되는 셈이었다. 귀족들이 원하는 종류의 음악을 만들고 연주하는 것이 전부였다. 음악가가 추구하는 음악을 만들거나 연주할 수 있는 분위기가 아니었으며, 그렇게 해서는 당장 먹을 것을 구하기도 힘든 어려움을 겪게 되었다.

1777년 그의 나이 21세가 되던 해, 모차르트는 마침내 잘츠부르크의 궁정음악가 자리를 사직하게 된다. 불과 4년 여 만에 그만 둔 것이다. 그는 유럽 각지를 여행했으며, 부모님의 간섭이 많았기 때문에 독립하고자 하는 마음이 커져가고 있었다. 모차르트의 어머니는 이듬해인 그가 22세가 되던 해에 사망하고 말았다.

최악의 기억: 파리

　　　　모차르트에게 파리는 가장 안 좋은 기억을 만들어준 도시가 되었다. 프랑스인들의 냉대와 오만한 행동은 그의 심기를 건드리기 일쑤였다. 한 번은 공작부인의 집에서 피아노 연주를 하게 되었는데, 그 집의 피아노는 나무가 썩어있었다. 악기는 원래 온도와 습도를 잘 맞춰서 소중하게 간수해야 하는 것이고, 자주 이동시키면 안 된다. 그럼에도 불구하고 프랑스인들은 악기에 대한 이런 기본적인 지식도 없었다. 연주하는 날이 매우 추웠음에도 불구하고 난방도 되지 않는 방에서 귀부인들은 그림을 그리면서 모차르트에게 연주를 시켰다. 즉, 그들이 그림을 그리는 데 도움을 주는 배경음악처럼 연주를 들었던 것이다. 이를 경험한 모차르트는 프랑스 사람들을 다시 보았으며, 그들에 대한 인상이 매우 나빠졌다.

/ 모차르트의 걸림돌들 /

요제프 2세의 황제 즉위 축하식 때 모차르트가 연주할 기회를 얻었는데, 대주교가 이를 방해하는 일이 일어났다. 대주교는 음악가들이 잘난 척 한다고 보고, 그들은 오만하며 더 많은 월급을 주는 자리로 언제든지 떠날 궁리를 하는 자들로 보았던 것이다. 대주교는 모차르트를 공개적으로 비난하면서, 부랑아, 거지 멍청이라고 불렀다. 이에 대해서 모차르트가 항의를 하자, 궁정 오르간 연주자 자리에서 해임 당했다. 요즘 같으면 모차르트에게 어떻게 이런 대접을 할 수 있느냐고 생각하겠지만, 그가 살던 당시에 음악가들의 지위는 이 정도로 낮았고 멸시받는 직업군이었다.

/ 음악에 대한 자유를 찾아서 /

독립하기로 결심한 모차르트는 빈에 남아서 자유로운 생활을 영위했다. 비록 자유는 얻었지만 경제적으로 불안정한 삶이 시작된 것이다. 피아노 레슨도 시작했지만, 학생들을 가르치는 일이 자신에게 맞지 않는다고 편지에 자주 쓰곤 했다. 그는 신이 주신 작곡의 재능을 학생들을 가르치느라고 집을 찾아가거나 학생들이 올 때까지 기다리는 일로 낭비하고 싶지 않았던 것이다. 하지만 빚에 대한 부담을 늘 느꼈던 모차르트로서는 다른 방도가 없었다.

그는 피아니스트로서도 일을 했지만, 경제적으로 안정적인 때는 없었다. 지금 생각하면 참 아이러니하다고 할 수 있다. 만약 지금 모차르트가 연주를 한다고 하면 천문학적 공연료를 받을 수 있었을 것이다. 그러나 정작 그는 피아니스트로서 생활이 되지 않았고, 이제 남은 것은 작곡가로서 그의 입지를 확고히 하는 일만 남게 되었다.

╱ 오페라[13] 작곡 ╱

모차르트는 작곡에 매진하여 오페라를 작곡하기에 이른다. 우리도 잘 알다시피 피아노 곡 하나를 작곡하는 것도 얼마나 힘이 드는 일인데, 하물며 오페라는 말할 것도 없이 작곡가의 모든 정열을 쏟아 부어야 겨우 만들 수 있는 것이다. 더구나 걸작을 만드는 것은 얼마나 더 힘든 일이겠는가? <후궁으로부터의 탈출>이라는 오페라를 황제

---

13 오페라(opera)는 작품이라는 의미의 라틴어 opus의 복수형으로 opera in musica가 줄어서 opera가 된 것이다. 일반 연극처럼 의상, 무대장치, 조명 등을 갖춘 무대극으로 등장인물들은 노래와 연기를 통해서 이야기를 전개시켜 나간다.

요제프 2세 앞에서 처음으로 연주했는데, 이것을 들은 요제 프 2세는 "친애하는 모차르트씨, 이 오페라에는 음이 너무 많은 것 같소."라고 했다고 한다. 이 무슨 무식하기 짝이 없 는 말이란 말인가? 사실 '오페라'는 이미 16세기말부터 작 곡되기 시작했으며, 지금까지도 악보가 남아 있는 가장 오 래된 오페라는1600년 프랑스에서 상연되었던 '에우리디케' 였다.[14] 따라서 이미 18세기 말이 되었던 모차르트 당시에 황제가 무식하게 이런 말을 했다는 것은 잘 납득이 가질 않 는다. 그저 음악가를 하인처럼 무시하는 마음이 드러나는 말이라고 생각된다.

또 한 가지 짚고 넘어가야 할 것은 이 당시의 오페라에서 는 출연하는 '오페라 가수'의 소리가 중요시 되었고, 전체 오 페라 음악을 연주하는 오케스트라는 '반주자'들에 불과했다 는 사실이다. 오페라 음악을 작곡한 작곡자는 뒤로 젖혀두 고 노래를 부르는 성악가들이 주목을 받고 관심의 대상이 되었다는 것은 아이러니하다고 하겠다. 이렇게 모차르트는 자신의 전공분야인 작곡에 있어서도 시대적인 흐름 때문에, 괄시를 받고 인정받지 못하는 '실패의 연속'인 삶을 살았다

---

14 현존하는 최초의 오페라는 시인이었던 리누치니의 대본에 가수였
    던 페리와 카치니가 함께 음악을 붙였던 '에우리디케'(Euridice)이
    다. 이 오페라는 1600년 프랑스 왕 앙리 4세와 메디치 가의 마리의
    결혼 축제 행사에서 상연되었다.

고 할 수 있다.

그럼에도 불구하고 모차르트는 '실패자'로 남지 않았고, 인간의 음성과 악기 소리가 대화를 할 수 있도록 새로운 실험을 시도했다. 이런 시도들이 당대의 많은 사람들에게는 '너무 많은 음들'로 들렸을 가능성이 있다. 그는 너무 시대를 앞서 갔기 때문에 실패 아닌 실패를 경험했다고 할 수 있다.

／ 모차르트의 결혼과 자녀들 ／

모차르트와 같은 천재 남편을 둔 아내와 그런 아버지를 둔 아이들은 어떤 기분이었을까? 도무지 짐작조차 할 수가 없지만, 그의 가족들에 대해서 정리하면서 상상을 해 보기로 하자. 모차르트는 1782년 그의 나이 26세 때 콘스탄체라는 여성과 결혼을 했다. 6명의 자녀들을 두었지만, 2명의 아들만 생존했다. 이 중에서 카를 토마스는 공무원이 되었고, 프란츠는 작곡가로서 모차르트 2세라고 불렸지만 아버지만큼 탁월한 작곡가는 아니었다.

이렇게 보면 모차르트 같은 천재에게서 더욱 천재적인 자녀들이 태어나는 것은 아닌 것 같다. 그의 천재성이 아들에게 전해지지는 않았지만, 천재성은 타고 나는 것이기 때문에, 그의 천재성을 타고난 자녀들이 없었던 것으로 보면 되겠다.

/ 모차르트 집안 환경 /

그의 집에는 장기투숙을 하면서 모차르트에게 작곡을 배우는 제자들이 많이 있었다. 이는 당시에 작가나 화가의 경우에도 마찬가지였다. 많은 사람들이 집안에 거주하면서 어수선한 환경이었는데도 모차르트는 불후의 명곡들을 작곡해냈다. 도대체 어떻게 그런 일이 가능했던 것일까? 결국 모차르트는 주위 환경에 영향을 받지 않았으며, 자신이 하는 일, 작곡에 집중할 수 있는 능력과 재능을 갖고 있었다고 하겠다. 또한 그 자신이 부단히 노력하는 사람이기도 했기 때문에 이런 일이 가능했던 것이다. 우리들의 집안 환경을 탓할 수는 없다. 그것이 우리를 실패자로 만들 수는 없는 것이며, 열악한 환경에서도 본인이 집중할 수 있다면, 얼마든지 훌륭한 업적을 낼 수 있다.

/ 모차르트의 일상 /

여기서 모차르트의 일상생활을 들여다보기로 하자. 먼저 아침 6시에 기상한 후 식사를 하고 7시부터 9시까지 작곡을 했다. 이어서 9시부터 오후 1시까지는 피아노 교습을 했으며, 자유 시간을 가진 후에 다시 오후 5-9시

혹은 새벽 1시까지 작곡을 하는 일과를 보냈다. 많게는 하루에 12시간, 적게는 8시간을 작곡하는데 보냈다고 할 수 있다. 엄청난 시간을 쏟아 부으면서 작곡에 매진한 것을 알 수 있으며, 천재였음에도 불구하고 이렇게 노력을 경주한 것에서 우리들도 많은 것을 배워야 할 것이다. 우리도 이만큼 노력을 하고 있는가? 그렇게 하고서 '실패'했다고 낙심하고 앉아 있는가? 적어도 모차르트만큼은 노력을 해보고 실패했다고 말할 수 있어야 한다. 그보다 적은 노력을 기울였다면 그 실패는 당연한 것이며, 낙심보다는 반성을 해야 하는 기회로 삼아야 한다. 더욱 노력을 한다면 성공할 수 있다는 자신감을 가질 필요가 있다. 결론적으로 천재였던 모차르트도 시간을 아껴가면서 작곡에 매진하는 일상을 소화해 냈다는 것을 기억할 필요가 있다. 천재도 이렇게 노력했다면, 보통 사람인 우리들은 어떻게 해야 할 것인가? 실패했다고 자평하기 전에 나 자신이 최선을 다해서 노력했는지를 스스로에게 먼저 물어봐야 한다.

╱ 모차르트의 자존심 ╱

음악가들을 하인처럼 취급하는 당시의 귀족들에게 모차르트는 비굴하게 굴복하지 않고 저항했다. 사회적인 신분 차별로 생긴 '실패'를 그는 아예 실패로 여길 생각이 없었던 것이다. 자신이 하인이 아니라 자유인이며, 태생만 다르지 귀족보다 못할 것이 없다는 생각이 있었다. 이런 생각이 들자 궁정 음악가 자리를 사직하고 독립하기에 이르렀다. 일정한 수입이 없게 되자 경제적으로 쪼들리기 시작했지만, 모차르트는 예술가로서의 긍지를 지키려고 했다는 점에서 존경을 받을 만한 인물이다.

모차르트는 돈을 벌기 위해 작곡을 했던 사람이 아니었다. 자신의 기준에 맞는 작품을 만들기 위해서 끊임없이 애를 썼으며, 완성된 작품을 사람들에게 공연을 통해서 보여주려고 노력했다. 우리는 그의 천재성을 배울 수는 없어도 음악에 대한 그의 열정과 끈기는 배울 수 있다. 계속되는 귀족들의 멸시와 인정받지 못하는 작품들 가운데서도 그는 쉬지 않고 작곡에 매달렸다. 당시 사람들이 알아주지 않는 작품들도 계속 연주회를 통해서 사람들에게 들려주었고, 이 작품들이 오늘날에는 누구나 인정하는 최고의 걸작들로 평가받고 있다.

그는 유료음악회를 기획해서 돈을 벌기 시작했는데, 큰 식당의 홀을 빌려서 자신의 피아노를 갖고 연주를 했다. 이런 면에서 모차르트는 사업 수완이 매우 좋은 편이었다. 1년에 약 5회의 음악회를 개최해서 총 500굴덴(한화 약 700만원)정도의 수익을 올렸다. 궁정음악가로서 귀족에게 종속되어 있는 음악가가 아니라, 자신만의 독자적인 음악활동을 시작했다는 점에서 선구자적인 행보였다. 음악가를 귀족들의 하인으로 취급하는 당시 사회에서는 실패자로 낙인이 찍혔지만, 모차르트는 그 자신만의 음악을 통해 성공적인 삶을 일구어냈다.

작곡을 통한 수입

2007년 소더비 경매에서 모차르트의 악보 낱장 하나가 약 2억 2천 6백만원에 팔렸다. 이것은 그의 작품 중에서 합주협주곡 E 플랫 장조 악보에서 떨어져 나온 것인데, 모차르트의 미망인 콘스탄체가 그나마 이 낱장을 반으로 찢었던 상태였다. 우여곡절 끝에 반장짜리 악보들이 하나로 합쳐져서 경매에서 팔린 것이다. 오늘날 그의 악보 원본을 하나만 가지고 있어도 그 사람은 갑부가 될 수 있을 것인데, 정작 모차르트 자신은 그런 호강을 누려보지 못했다.

그 유명한 오페라 <피가로의 결혼>은 모차르트 당시에 약 450 굴덴(한화 500만원)에 팔렸는데, 이 오페라의 친필 악보는 약 20억 원을 호가한다. 그가 활동하던 18세기 후반 당시에는 인세라는 개념이 없던 시대였기 때문에, 작곡한 작품 하나 당 사례금만 받았다. 만일 지금처럼 한 곡을 연주할 때마다 작곡비를 받는다면 그 수입은 상상을 초월하는 거액이 될 것이다.

　모차르트 곡의 인세를 계산해 보면 대략 오스트리아 전체를 다 사고도 남을 만한 금액이라는 것이 오늘날 학자들의 견해다. 그러나 모차르트는 그 당시 연 수입이 약 3000-4000 굴덴이었는데, 고위공직자의 연봉에 해당하는 것으로서 한화로 약 5000만원 정도였다. 음악가로서 더 이상 굴종의 삶을 살지 않겠다는 입장을 고수했던 모차르트는 대주교의 억압과 지배, 감시에서 자유를 갈망했다. 귀족들에게 끝없이 무시당하고 수없이 많은 실패들을 경험했으나, 모차르트는 쉬지 않고 음악 작업을 계속했으며, 연주회를 기획하고 개최하기에 힘썼다. 이렇게 실패의 연속이었던 삶을 성공적인 삶으로 바꾸어 놓은 것은 그가 경험한 실패를 실패로 여기지 않고 하나의 배움의 기회로 여기고 쉬지 않고 노력했기 때문이었다. 인내와 초지일관의 의지가 마침내 성공을 이끌어 냈다고 하겠다.

/ 모차르트의 최후 /

모차르트는 건강이 악화되어 너무도 젊은 나이였던 35세에 생을 마감하고 말았다. 마지막 작품이었던 <레퀴엠>은 미완성으로 남게 될 처지였으나, 그의 제자가 완성했다. 이 레퀴엠은 죽은 이들의 영혼을 위로하는 미사 때 연주하는 음악을 말한다. 모차르트는 음악에 대한 열정과 끈기를 지니고 있었으며, 어려운 환경에도 불구하고 오히려 이것을 뛰어난 작품들의 기반으로 삼아서 작곡에 매진했다. 그의 사회적, 경제적 실패들이 그를 작곡활동에서 멀어지게 할 수는 없었다. 임종하기 얼마 전에 모차르트는 이런 말을 남겼다.

"나는 쉬는 것보다 작곡하는 것이 덜 힘들기 때문에 계속 작업을 한다."

자기 자신이 가장 좋아하는 일을 했던 사람이 모차르트였다. 그래서 그는 이런 말을 남긴 것이라고 생각된다. 쉬는 것보다 자신이 하고 있는 일을 하는 것이 더 즐거울 수 있도록 우리 모두도 그런 일을 찾기 바란다.

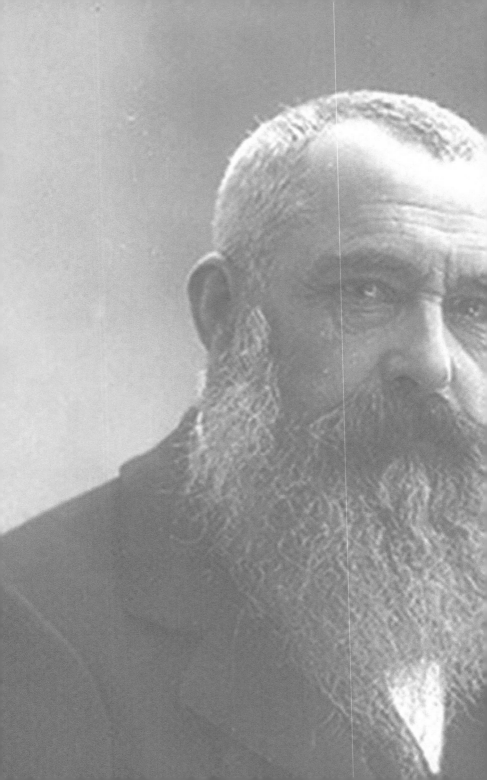

클로드 모네

클로드 모네(Claude Monet, 1840-1926)
프랑스, 화가

클로드 모네

모네를 선택하게 된 것은 우연이었다. 우리 아이들이 초등학생일 때 사주었던 책들 중에 모네의 일생과 그의 작품들을 소개한 책이 있었다. 무슨 시리즈로 출간되었던 책인데, 모네 말고도 다른 유명한 화가들의 책들도 있었다. 그런데 웬일인지 모네의 책을 먼저 손에 잡게 되었고, 잡은 김에 읽어보게 되었다. 모네의 어린 시절에 관한 이야기부터 펼쳐지는데, 그가 중학생 때 그의 반 선생님을 캐리커처로 그린 것도 실려 있었는데, 그림 솜씨가 기가 막혔다. 수련 그림만으로 기억하고 있는 화가 모네는 그렇게 나에게 큰 인상을 주면서 그의 작품 속으로 나를 끌어당기고 있었다. 거의 이틀 만에 책을 다 읽고 두세 번을 더 읽었다. 초등학생용으로 나온 책이라서 페이지 수가 그렇게 많지 않았고 쉬운 설명문이라서 내용도 머리에 잘 들어왔다.

그 책의 내용 중에 모네도 얼마나 많은 실패를 경험했는지가 생생하게 그려져 있는 부분이 특히 내 마음을 끌었다. 결코 하루아침에 성공한 화가가 된 것이 아니라, 많은 어려움 속에서 굽히지 않고 계속해서 그림을 그렸던 그는 마침내 온 세상이 알아주는 대 화가의 반열에 오를 수 있었다. 이런 점에서 나는 내 책의 주인공들 중의 한 명으로 모네를 선택하게 되었다. 그리고 이런 나의 선택은 아직도 너무나 잘한 선택이라는 생각이 든다.

우리는 '모네'라는 화가의 이름을 한 번 쯤은 다 들어본 적이 있다. 그렇지만 정작 그가 어떤 인생을 살았고, 그 인생 속에서 얼마나 실패를 경험하고 또 그 실패들을 딛고 다시 일어섰는지를 아는 사람은 많지 않을 것이다. 그럼 먼저 우리가 모네에 대해서 알고 있는 것들을 정리해 보기로 하자.

우선 모네는 1840년에 프랑스에서 태어난 화가로서 1926년 사망하게 된다. 86년간의 인생을 살다가 죽었는데, 이 긴 생애를 통해서 많은 작품들을 남겼다. 미술 역사에 있어서 또한 그는 중요한 업적을 남겼는데, 오늘날까지 잘 알려져 있는 '인상파'(Impressionists) 그림의 창시자이다. 위대한 걸작들을 많이 남겼는데, 그 중에서도 세계에서 가장 비싼 그림 100위 안에 드는 작품들이 무려 3개나 된다.

21위에 올라있는 <수련 연못>, 81위의 <수련>, 그리고 92
위의 <아르장퇴유의 철도교>라는 그림들이 그것이다. <수
련 연못>은 약 939억원에 2008년 뉴욕 크리스티 경매에서
팔렸다. <수련>은 2014년 약 631억원에 영국 소더비 경매
에서 낙찰되었다. 그야말로 천문학적 숫자의 작품가격을 자
랑하지만, 정작 모네가 살아있을 당시에는 그는 빚에 시달
리면서 쪼들리는 생활을 했다. 현재 모네가 살아 있었다면
그의 작품 가격에 엄청나게 놀라면서 여유 있는 생활을 하
면서 지냈을 것이 틀림없다.

/ 모네의 색에 대한 철학 /

모네는 "물체가 지닌 고유한 색은 없다.
색은 빛에 따라서 변화할 뿐이다."라고 말했다. 물체의 색은
그 물체에 빛이 많이 비춰주는가 적게 비춰주는가에 달려있
다는 말이다. 그리고 모네는 "빛은 곧 색이다."라는 말도 했
는데, 빛이 물체의 색을 결정해 준다는 것을 강조한 말이다.
이런 모네의 말과 생각들은 결국 "인상파'의 기본 원리를 확
립해 주었다.
　"인상파"의 어원이 된 그림은 모네의 <인상, 일출>이라
는 그림이다. 미술대회에 출품된 이 작품이 결국 그가 추구

하는 그림의 기본적인 틀이 된 것이고, 이를 통해서 인상파는 그 자리를 굳건히 하게 된다.

모네는 같은 사물을 다양하게 그린 소위 "연작"을 통해서 동일한 사물에 비치는 빛의 양에 따라서 어떻게 그 사물의 색깔이 변해 보이는지를 표현해냈다. 예를 들어서 그가 그린 연작 중에서 <루앙 대성당>이라는 작품이 있다. 이 대성당의 맞은편에 있는 2층 방에서 작업을 한 것들인데, 약 30점 가량의 작품을 만들었다. 하루 중에서 이른 아침에는 아직 햇빛이 많이 비치지 않는 때이기 때문에 아무래도 대성당의 색깔이 원래의 재질인 돌의 색깔을 나타내고 있다. 그렇지만 대낮에는 사정이 달라진다. 즉, 엄청난 햇빛을 받기 때문에 대성당은 그야말로 황금색으로 보이게 되는데, 이것을 그대로 화폭에 담았던 것이다. 그리고 이렇게 그릴 때, 성당을 약간 비스듬하게 바라보면 성당에 반사되는 빛의 색깔을 더 효과적으로 그릴 수 있다는 사실도 알게 되었다.

그런데 한 가지 더 고려할 것은 만일 모네가 낮 2시에 루앙 대성당을 그리기 시작했다면, 그 강한 태양빛이 유지되는 시간은 고작 몇 시간에 불과했다. 따라서 그 몇 시간이 지나면 그림을 더 그릴 수가 없게 되는데, 이는 대성당에 비치는 햇빛의 양이 줄어들기 때문이었다. 그렇기 때문에 모네는 그림 그리기를 멈추고, 다음날 2시에 다시 같은 그림을 계속 그리는 방식으로 해서 며칠을 작업을 해서 하나의 작품을 완성하는 식으로 <루앙 대성당> 연작들을 창조해 냈던 것이다. 이 작품들은 1891년에 작업했던 것들인데, 지금 보아도 인상파의 특징들을 잘 알 수 있게 해 준다.

이렇게 연작으로 그린 작품 중에는 <건초더미>라는 작품도 있는데, 현재 가격으로 약 900억 정도 나간다. 이 연작들은 계절에 따라서 다르게 비치는 햇빛을 표현한 것들인데, 역시 빛의 양에 따라서 다르게 보이는 건초더미의 모습을 잘 나타내 주고 있다. 결국 이런 연작들을 통해서 모네는 그가 말하는 "빛이 곧 색이다"라는 말을 실제 작품으로 보여 주고 있는 것이다. 빛의 양이 그 빛을 받고 있는 사물의 색깔을 결정해 주고 화가는 이것을 포착해서 캔버스 위에 표현하는 것이 인상파의 화풍임을 알 수 있다.

/ 성장배경 /

앞에서도 언급했듯이 1840년 프랑스 파리에서 태어난 모네는 소년 시절부터 자신이 다니던 학교 선생님들의 캐리커처를 그렸다. 캐리커처는 인물의 특징을 포착해서 그것을 과장되게 그리는 화법을 말한다. 지금도 그가 이 시절에 그렸던 선생님의 캐리커처들이 남아 있다.

모네는 이 책에서 다루는 다른 많은 유명한 인물들처럼 학교에 다니기 싫어했으며, 지켜야 하는 규칙들에 대해서 질색했던 것으로 알려져 있다. 아마도 이렇게 규칙 준수에 대한 거부감이 그로 하여금 나중에 "인상파"라는 획기적인 화풍을 시작하게 해 준 원동력이 되었을 것으로 보인다. 기존의 규칙을 그대로 따라 가는 사람들은 새로운 것들을 시도하거나 도전하는 정신이 부족하기 때문에, 창조적인 것들을 생산해 낼 수 없게 되는 까닭이다.

모네가 얼마나 학교를 싫어했으면 학교를 감옥과 같다고 표현하기도 했다고 알려져 있다. 그렇다고 해서 우리가 학교를 다닐 때 학교의 교칙들을 무시해도 된다는 의미는 아니다. 공동체 생활을 위해서 교칙을 준수하는 것은 매우 중요하지만, 자신의 생각이 그런 교칙을 넘어서는 것들을 추구하고 있는 사람은 미지의 영역에 도전할 수 있는 능력을 키울 수 있게 된다는 말이다.

상상해 보라. 모네가 이렇게 싫어하는 학교에서 규율도 잘 지키지 않았을 테니 얼마나 많은 벌을 받고 '실패자'로 낙인찍히는 일이 많았을 것인가? 그러나 사실 그는 실패자가 되었던 것은 아니었다. 단지 그는 학교 입장에서 본 실패를 그 자신은 실패라고 생각조차 하지 않았으며, 그저 자신의 창의력을 꾸준히 키워나가고 있었다. 이런 자세야말로 진정한 성공으로 인도하는 원동력이 되는 것이다.

지금도 남아 있는 '오샤르'라는 미술 선생님의 캐리커처는 인터넷에서도 쉽게 찾아서 볼 수 있는데, 모네가 10대 시절인 1856년에 그린 그림이라는 게 믿어지지 않을 정도로 훌륭한 작품이다. 오샤르 선생님의 특징을 잘 살려서 그린 그림이라는 것을 한 눈에 알 수 있다. 이렇게 뛰어난 능력을 가지고 있었지만 이런 그림을 수업시간에 그리고 있느라고 수업내용을 집중해서 듣지 않았고, 이로 인해서 학과공부를 따라갈 수 없었다.

/ 좋은 선생님들과의 만남 /

모네가 그림에 대한 흥미와 열정을 잘 키워나갈 수 있었던 것은 특히 그가 르아브르 중등학교를 다닐 때 만났던 장 오샤르 선생님의 지도 때문이었다. 오샤르 선생님은 모네의 그림 실력을 알아주고 성심껏 지도해 주셨다. 그의 실력을 인정해 주는 선생님이 있었기 때문에 모네는 비록 공부에는 흥미가 없었지만, 그림은 너무나 흥미롭게 여기게 되었다. 이런 선생님을 만났다는 것은 모네에게는 큰 행운이었으며, 장차 그가 위대한 화가가 되는 밑거름이 되었다. 실패자로 남을 수밖에 없었던 모네는 이 선생님

덕분에 실패를 경험한 성공자가 될 수 있었다.

비극의 시작

모네가 17살 때 그의 어머니가 사망하게 되는 것을 시작으로 그의 비극적인 삶이 전개된다. 그가 그렇게 다니기 싫어했던 학교도 자퇴하고, 아버지와의 껄끄러운 관계가 지속되게 된다. 그렇지만 모네의 고모의 후원으로 작업실도 얻고, 그림 그리는데 필요한 재료들도 살 수 있게 된다. 비록 여러 비극적인 일들이 겹쳤지만, 친척인 고모의 도움으로 모네는 그림 그리는 일을 계속할 수 있는 기본적인 환경을 가질 수 있게 되었다.

풍경화가 외젠 부댕

모네가 스승으로 삼은 부댕은 항상 자연의 활력과 신선함을 캔버스에 담으라고 말했다. 아무래도 풍경 화가를 스승으로 모셨기 때문에, 자연과의 친밀한 관계를 유지하는 것을 중시했던 것으로 보인다. 부댕으로부터 풍경화를 그리는 법과 채색 법 등을 익히게 된다. 모네가 태어났던 1840년대부터 물감을 지금처럼 튜브에 넣어서 판매하기 시작했는데, 이것은 미술 역사상 획기적인 일로 평가되고 있다. 영국의 한 회사가 금속제로 된 튜브를 개발해서 미술 역사상 혁명적인 일의 도화선이 되었다. 그전에는 주사기 모양의 용기에 저장한 물감을 다 쓰고 나면 다시 채워 넣으면서 그림을 그렸는데, 이렇게 물감을 일일이 다시 채우는 작업은 번거롭고 불편했다.

이런 상황에서 물감을 튜브에 넣어서 가지고 다니면서 그림을 그릴 수 있게 된 것은 일단 물감을 운반하는데 용이함을 주었다. 이렇게 물감을 손쉽게 가지고 다닐 수 있게 됨으로써, 야외에서 그림을 그리는 분위기가 조성되었다. 또한 이에 발맞춰서 휴대용 이젤이 발명되어서 야외에서 그림을 그릴 때, 캔버스를 놓고 집안에서처럼 그림을 그릴 수 있게 되었다. 튜브에 넣은 물감과 휴대용 이젤의 발명은 화가들로 하여금 집안에서 야외로 나가도록 만들었으며, 자연스럽게 풍경 화가들은 큰 혜택을 받은 셈이었다.

／ 모네 당시의 프랑스 화단의 경향 ／

1760년부터 1850년까지 프랑스 미술계에서는 소위 "신고전주의"가 유행하고 있었다. 이것은 그리스 로마 시대의 조각품을 모방해서 그림을 그리는 방식이었다. 그렇지만 모네의 관심은 "바르비종파"의 그림에 온통 쏠려 있었다. "바르비종파"는 바르비종의 풍경의 아름다움을 주제로 그림을 그리는 사람들을 일컫는 말이었다. 스승인 부댕의 영향으로 풍경화에 관심이 있었던 모네의 흥미를 끌기에 적합한 화풍이었던 것이다. 1830년대부터 1860년대까지 이 "바르비종파"에 속한 화가들이 활동했다.

╱ 살롱(Salon)전 ╱

우리나라에는 정부에서 개최하는 미술전으로 "대한민국 미술대전"이라는 것이 있다. 마찬가지로 프랑스에서도 2년에 한 번씩 열리는 "살롱전"이라는 미술대전이 있었는데, 프랑스 왕가가 지향하는 미술을 공개적으로 선전하기 위한 자리로 활용되었다. 최초의 살롱전은 1667년 루이 14세 때 개최되었다. 사회적인 신분에 상관없이 누구에게나 무료로 개방된 최초의 전시회였는데, 당시에 프랑스가 귀족과 천민 등으로 나누어진 신분제 사회였다는 것을 감안하면 파격적인 행사였다고 할 수 있다.

살롱전은 화가들의 등용문이었던 미술 전람회로서, 루이 14세 때 "르 살롱"에서 기원했다고 전해진다. 미술 작품들의 전시가 루브르 궁전의 살롱(응접실)에서 이루어졌기 때문이었다. 화가가 되고자 하는 사람들에게는 살롱전에서 입선하는 것이 화가로서 평가를 받는 기회였던 것이다. 여기서 입선하면 화가로서 활동하는 것이 가능하게 되고 정부의 일감을 받아서 수입을 올릴 수 있게 되기 때문에, 많은 화가 지망생들이 살롱전에 입선하기 위해서 자신들의 작품을 출품했다.

/ 모네의 실패 /

그러나 모네는 그의 작품을 살롱전에 출품하기도 전에 군대에 징집될 상황에 처하게 되었다. 당시 프랑스에서는 추첨을 통해서 군대 징집자를 선발하는 제도가 있었다. 여기에서 선발되는 사람은 무려 7년이라는 장기복무를 해야 하는데, 모네는 그만 징집되는 대상자에 해당하는 번호를 뽑고 말았다. 그런데 모네는 돈을 내고 징집에서 면제될 수도 있었지만, 당당히 거절하고 군대를 가기로 마음을 먹었다. 이렇게 그는 그의 실패를 당당하게 받아들이고, 불법적인 방법을 택하지 않고 의연하게 입대하게 된다.

그렇다면 여기서 우리는 왜 모네가 군대 면제의 기회를 마다하고 입대를 했는지에 관해서 궁금하지 않을 수 없다.

단지 불의와 타협하지 않는 정의로운 사람으로 남기 위해서만 이런 선택을 했을까? 여기에는 모네의 화가에 대한 꿈이 큰 이유가 되었다고 볼 수 있다. 그는 누구보다도 그가 가장 사랑하는 그림에 대한 열망을 갖고 있는 사람이었다. 따라서 이렇게 화가가 되는데 필요한 자양분을 얻기 위해서 군대에 간 것이었다. 이것의 배경을 좀더 살펴보기로 하자.

모네가 징집을 당했을 당시에 군인들은 북아프리카에 위치한 알제리[15]라는 프랑스령 나라의 경비병 연대로 배치되도록 되어 있었다. 알제리는 알려진 것과 같이 이슬람교를 믿는 나라였다. 모네는 이곳으로 가서 동방의 그림들을 볼 수 있는 기회를 놓치고 싶지 않았다. 동방의 자연을 직접 보고 배우고 싶어서 징집면제를 받는 대신 군대를 가기로 했던 것이다. 사막지역이 많은 알제리의 기후 특성상 강한 햇볕이 내려 쬐면 생기는 '빛의 다양한 효과'에 모네는 매료되고 말았다. 그가 그림을 통해 표현하고자 하는 인상파로서의 빛을 이곳 알제리에서 더욱 선명하게 발견하게 되었다.

모네는 그가 추첨에서 징집대상자로 선발된 것을 '실패'라고 여기지 않았다. 그 당시 다른 사람들은 군대에 징집이

---

15 로마, 아랍, 터키의 지배를 거쳐 1830년 프랑스령이 되었다가 1962년 독립하였다. 따라서 모네가 징집될 당시에 알제리는 프랑스가 다스리는 곳이었다.

되면 인생의 실패자라고 낙심하면서 한탄했던 것과는 대조적으로 그는 전혀 다른 생각을 하고 있었던 것이다. 남들이 보기에 실패한 삶이라고 보는 상황을 오히려 자신이 화가의 꿈을 이루는 기초로 삼았다. 실패를 기회로 삼은 것이라고 하겠다. 돈으로 징집을 면제받을 수 있는 유혹을 뿌리치고 군대를 가는 길을 택한 모네는 결국 그의 화가 인생을 위한 값진 경험을 쌓을 수 있는 알제리로 갔던 것이다. 군대를 가게 된 것에 대해 낙심하거나 좌절하지 않고 오히려 새로운 배움의 기회로 삼았던 모네였다. 이것이 바로 모네가 '잘 실패할 수 있었던 방법'이었다.

북아프리카의 알제리는 열대 지방에 속하는 곳이었는데, 이곳에서 근무하면서 모네는 매우 중요한 경험들을 하게 된다. 햇볕으로 달구어진 알제리의 뜨거운 공기는 빛을 눈부시게 반사시켜 주었다. 그래서 투명한 대기 속에서 영롱하게 발하는 색을 볼 수 있었다. 이런 현상은 오직 더운 지방에서만 볼 수 있는 현상이었다. 이렇게 7년 동안 알제리에서 복무하면서 모네는 '빛과 색의 인상'에 대한 기초를 다지게 되었던 것이다.

많은 사람들은 군복무를 시간낭비라고 여긴다. 사회에 나가서 경험을 쌓을 수 있는 소중한 시간들을 허비하는 것이라고 생각하기 때문이다. 그래서 갖은 방법을 다 써서 군대를 가지 않으려고 하다가 인생의 큰 오점을 남기는 경우가 우리나라에서도 많이 발생하고 있다. 하지만 군복무가 필수적인 것이라면 오히려 모네처럼 군대에 있는 시기를 자신의 꿈을 위해 최대한 활용하는 것이 지혜롭다고 하겠다. "왜 나는 군대를 가야 하는가?" "왜 추첨에서 면제될 수 있는 표를 뽑지 못했는가?"라고 한탄하면서 군복무를 시작한다면 그의 군대생활은 안 좋은 기억으로 점철되고 말 것이다. 또한 모네가 택할 수도 있었던 돈을 내고 면제받았다면 그의 삶은 늘 이런 부정한 방법을 택했다는 자책으로 얼룩졌을 것이다. 군대를 가야하는 상황은 똑같은데, 그 상황을 어떻게 활용하느냐에 따라서 삶의 모습은 180도 바뀌게 된다.

╱ 북아프리카 열대 지방에서의 경험 ╱

살을 태울 듯이 이글거리는 알제리의 태양 밑에서 한껏 더워진 공기는 빛을 눈부시게 반사시키는 법이다. 투명한 대기 속에서 각 물체들이 갖고 있는 색은 더욱 영롱하게 빛을 발하게 된다. 이것은 자연이 준 최적의 조건이었고, 태양 빛의 양에 따라서 물체가 내는 색이 변한다고 믿는 모네에겐 그의 이론과 작품을 위한 작업에 대한 실험실이나 마찬가지였다. 이런 현상은 오직 열대 지방에서만 볼 수 있는 것이었다. 이렇게 남들이 기피하는 군복무를 알제리에서 하면서 모네는 "빛과 색의 인상"에 대한 기초를 다지게 된 것이다.

/ 모네의 살롱전 입선과 낙선전 /

1840년생인 모네는 그가 25살 되던 해인 1865년 살롱전에서 입선을 하게 된다. 이제 프랑스 화단에 정식으로 입성하게 된 것이다. 그의 이력서에도 당당하게 적을 수 있는 이력이 한 줄 생겼다. 그리고 생계를 이어갈 수 있는 자격을 얻은 것이다. 그런데 모네가 관여한 다른 미술 전시회가 있었으니, 이름 하여 "낙선전"이라는 전시회였다. 이것은 살롱전에서 낙선한 작품들을 전시하기 위해 만들어졌다. 우리나라의 사고방식으로는 조금 이해가 가지 않는 부분이 있으나, 프랑스의 사회적 분위기에서는 얼마든지 가능한 전시회였다.

일반적으로 살롱전의 심사위원들은 그림에 대해서 보수적인 경향이 강한 사람들로 이루어져 있었다. 전통적인 방식으로 그린 작품들에 높은 점수를 주고, 실험적이고 새로운 방식을 사용한 작품들은 후한 점수를 주지 않았다.

프랑스 국민들에게 애국심을 고취시키고, 후세들의 교

육에 이로운 내용을 그린 작품을 선호하고, 인도주의적이고 보편적인 내용이 당선작의 선발 기준이 되었던 것이다. 따라서 모네처럼 새로운 그림의 경향을 주도하는 화가의 경우에는 이런 살롱전에서는 큰 희망을 걸 수 없었다. 어떻게 보면 살롱전에서 비록 입선을 하기는 했지만, 살롱전 자체는 모네에게 일종의 실패라고 볼 수 있었다. 이로 인해서 모네는 비롯해서 여러 화가들이 1850년부터 이 살롱전에 자신들의 작품을 출품하기를 거부하는 경향이 일어났다.

이렇게 화가들 사이에서 불평불만이 팽배해감으로써, 당시의 황제였던 나폴레옹 3세는 이런 불만들을 무마시키기 위해서 1863년에 낙선전을 열도록 허락하게 된다. 이전에는 화가들이 등단을 하려면 반드시 살롱전을 통해서 등단할 수 있었지만, 이제는 살롱전이 아니더라도 화단에 등단할 수 있는 가능성이 생기게 된 것이다. 첫해에는 12개의 전시장에서 총 1200점이나 되는 작품들이 전시되었고, 진보적인 미술가와 평론가들이 이 작품들을 매우 높게 평가했다고 한다.

/ 경제적인 어려움의 극복 /

모네는 1865년과 1866년 연속해서 살롱전에서 입선하게 된다. 그럼에도 불구하고 그의 경제적인 상황은 여전히 궁핍함을 벗어나지 못했다. 사람들로부터 주문받은 그림은 몇 점 되지 않았지만, 모네는 계속해서 새로운 방법으로 그림을 그리기를 시도했다. 이렇게 실험적인 작품들을 그렸기 때문에, 캔버스와 물감들을 사느라고 많은 비용이 들었다. 결과적으로 모네는 많은 빚을 지게 되었고, 빚쟁이들의 독촉을 피해서 이사를 하게 된다. 오늘날 모네의 작품은 한 점에 600억에서 900억 원을 호가하는 것을 보면 아이러니라고 할 수 있다. 본래 그림은 작가가 죽은 후에는 그림의 가치가 천문학적으로 뛰는 것을 쉽게 볼 수 있다.

빚을 갚을 수 있는 뭇 돈이 없었던 모네는 계속해서 빚쟁이들을 피해서 이사를 다닐 수밖에 없었다. 그러다가 결국에는 캔버스조차 살 수 없는 지경에 이르게 되자, 친구였던 바지유에게 그림을 그리다 망친 캔버스를 그에게 보내달라고 요청하기에 이른다. 이 캔버스들도 어떻게 보면 실패한 캔버스들이라고 할 수 있다. 모네는 자신의 삶도 실패들로 점철되어 있었지만, 한 술 더 떠서 그가 그림을 그리는 캔버스들도 이미 실패를 경험했던 것들이었다. 그는 바지유가 보내준 캔버스에 이미 그려져 있던 그림들의 물감을 긁어내고 그 위에 다시 그림을 그렸다. 비록 경제적으로 그는 실패했지만, 그림에 대한 열정만은 활활 타오르고 있었다. 실패가 연속되는 상황에서도 결코 쉬지 말아야 할 것은 우리가 하고자 하는 일에 대한 준비와 연습이다. 이렇게 힘들 때 모네가 그림을 포기했으면 오늘날 우리가 보는 모네의 걸작은 나오지 못했을 것이다. 화려한 성공은 이렇게 수많은 '실패들'을 자양분 삼아서 활짝 꽃피우게 된다.

／ 모네의 작업 방법 ／

모네에게는 보통의 당시 화가들이 그림을 그리는 방법과 결정적으로 다른 점이 있었다. 그는 한참 그림을 그리다가도 해가 지면 그림 그리기를 중단했다. 심지어 아직 환해도 더 이상 그리지 않았다. 그리고서는 다음날 같은 시간에 태양이 비출 때 다시 그림 그리기를 이어나갔다. 이렇게 같은 시각에 그림을 그리는 것이 모네에게는 무척이나 중요했는데, 그 이유는 그가 그리는 사물에 비치는 햇빛의 양이 같아야 했기 때문이었다. 빛은 시시각각으로 그 비치는 양이 변하기 때문에, 이렇게 빛을 비추어주는 태양이 지게 되면, 모네는 더 이상 그림을 그릴 수 없게 되었던 것이다. 이것이야말로 그 당시 화가들일 전혀 상상조차 하지 못했던 새로운 혁명이었고, 혁신적인 화풍이었다. 예를 들어서 1시부터 성당의 모습을 그리기 시작했다면 해가 지고 난 후에 그 성당에 비치는 햇빛은 거의 없게 되고 성당의 색깔이 1시의 색깔과는 전혀 다르게 보이게 된다. 그렇다면 먼저 그리기 시작한 성당의 윗부분의 색과 해가 진 후의 성당 아랫부분의 색깔을 전혀 다르게 칠해야 한다는 말이 된다. 이렇게 할 수 없었던 모네는 해가 지면 그림을 더 이상 그리지 않고 다음날 같은 시각이 될 때까지 기다렸다가 다시 그림 그리기를 계속했던 것이다. 다른 화가들이 보기에는 유별난 것처럼 보이는 이런 모네의 행동은 그가 생각하고 있던 빛과 색의 원리에 입각한 행동이었으며, 이런 그의 입장을 고수해 나감으로써 결국 모네 자신만의 화풍을 완성하게 된다. 눈앞의 성공에 급급해서 남들이 하는 방식을 모방하는 것이 아니라, 모네는 자신만의 철학을 고집하며 묵묵히 그림을 그려나갔다.

/ 모네 작품의 특징 /

첫째, 우리의 시선을 한 지점에 고정시키게 되면, 그 고정점 이외의 것들은 선명하게 보이지 않게 된다. 모네 당시의 화가들은 모든 보이는 사물들을 선명하게 그렸다. 그게 누구나 그림을 그리는 방법이었기 때문이다. 이런 방법은 오늘날도 그 명맥을 유지하고 있다. 보통의 작품들을 보면 모든 그려진 사물들이 또렷하고 분명하게 표현되어 있는 것을 보게 된다. 그렇지만 모네가 시작했던 인상파의 화가들은 그림 중에서 한 지점만을 선명하게 그리고, 나머지 부분들은 흐릿하고 아른거리는 상태로 표현했다. 이렇게 한 지점에 초점을 맞추면 다른 지점들은 흐리게 보이게되고, 이것을 그대로 그림에도 표현한 것이 바로 모네였다.

╱ 1867년 여름 ╱

2년 연속 살롱전에서 입선을 했지만, 1867년에는 상황이 달라졌다. 이미 모네는 실험적인 작품들을 시도해 보느라고 많은 빚을 지고 있는 상태였다. 그리고 엎친 데 덮친 격으로 이번에는 살롱전에서 낙선하고 말았다. 파리에 계속해서 머물러 살 수 있는 돈도 부족한 상황이었다. 여전히 빚쟁이들에게 시달리고 있었으며, 그의 아내는 임신을 했기 때문에, 경제적으로 더욱 어려운 상황이 되어서 모네는 고민이 많았던 해였다. 할 수 없이 모네는 그의 아버지에게 도움을 요청하기에 이른다. 아내와 정식으로 결혼도 하기 전에 임신했다는 사실로 인해서 모네의 아버지는 아내인 카미유와 헤어지는 조건으로 도와주겠다고 했다.

상황이 이렇게 최악의 상태가 되자, 미래에 대한 불안과 극심한 스트레스로 인해서 모네는 일시적으로 실명상태가 되고 말았다. 마침내 아버지가 내세웠던 조건 없이 모네를 돕기로 결정하고 돈을 보내주자, 마음의 안정을 찾은 모네의 눈도 차츰 시력을 회복하게 된다.

그동안 꾸준히 그의 작품들을 통해서 화단에 그의 이름을 알리고 있었던 모네는 그가 새로운 방식으로 그림을 창작하는 작업을 한다는 사실에 사람들이 관심을 갖기 시작했다. 그렇지만 여전히 작품을 주문하는 사람은 없었다. 그래서 그의 생활은 계속 쪼들려갔다. 친구들의 도움으로 간신히 생활을 이어갈 수 있었다.

/ 1870년 /

모네는 이 해에도 역시 살롱전에서 낙선하게 된다. 또한 언제나 그의 든든한 후원자였던 고모님이 돌아가시는 슬픔을 겪게 된다. 거기에다 그의 절친한 친구였던 바지유가 전쟁터에서 전사하는 아픔까지 맛보게 되었다. 이런 상황에서 그나마 다행인 것은 모네의 작품이 조금씩 팔리기 시작했다는 것이다. 자신감을 얻어 영국 로열아카데미 대회에 작품을 출품했는데, 그만 낙선하고 말았다. 이렇듯 실패는 때와 장소를 가리지 않고 찾아오기 마련이다. 늘 이런 실패를 이겨내는 힘은 그 실패를 잘하는 데 있다.

/ 1871년 /

온갖 경제적인 어려움들을 극복하고 모네는 50점도 넘게 그의 작품들을 완성했다. 이전보다 훨씬 많은 작품들을 그린 것이다. 모네의 1년 수입이 2만 4000프랑 정도 되었는데, 한화로 약 3000만 원 정도 되는 금액이었다. 그리고 이듬해인 1872년에는 그의 그림 가격이 두 배로 뛰어 오르게 되었다.

/ 1874년: 인상파의 탄생 /

살롱전에서 연이어 낙선함으로써 모네는 여기에 출품하는 것을 포기하기에 이른다. 보수적인 기준을 갖고 심사하는 살롱전에서 그의 새로운 화풍을 선보이는 것은 부적절하다고 판단했던 것이다. 그와 뜻을 같이 하는 몇 몇 화가들이 살롱전과는 다른 방식의 전시회를 구상하게 되었다. 그들은 자신들의 그림을 대중들에게 보여줄 목적으로 이 전시회를 기획했다. 약 30 여 명의 신진화가들이 이런 움직임에 동참했는데, 세잔, 드가, 르누아르, 부댕, 모네 등이 그들이었다.

우리가 잘 알고 있듯이 이 화가들은 훗날 엄청나게 유명한 화가로서 이름을 날리게 된다. 당시 정통 미술대회인 살롱전에 반기를 들고 자신들만의 전시회를 기획한 젊은 화가들의 용기와 추진력, 실험정신 등이 이런 일을 가능하게 했으며, 이렇게 새로운 방식과 사고로 무장한 화가들이 결국 미래에 세계의 화단을 이끄는 선두주자들이 되었던 것이다. 기존의 살롱전에서 입선하는 것만이 유일한 성공의 길이라고 믿었던 사람들에게 살롱전 말고도 다른 전시회를 통해서 자신들의 작품을 대중들에게 알림으로써 성공의 길을 개척한 사람들 중에 바로 모네가 있었던 것이다. 그에게 실패는 성공의 또 다른 이름이었다.

1874년 제1회 인상주의 전시회 개최

1874년에 비로소 모네가 주도한 이 새로운 전시회가 열렸다. 총 165점의 작품들이 출품되어서 성황을 이루었다. 모네 자신은 유화 5점과 파스텔화 7점을 출품했다. 이때 출품했던 <인상, 일출>이라는 작품이 대중들의 주목을 받았다. 평론가 르루아는 "인상주의자들의 전시회"라는 기사를 썼기 때문에 "인상주의" 혹은 "인상파"라는 용어가 탄생하게 되었다. 결국 평론가의 기사 덕분에 모네의 화풍이 "인상파"로 명명되었다는 것은 아이러니하다고 하겠다.

전시회를 보러 온 사람들은 전시된 작품들에 대해서 칭찬하기 보다는 비난을 퍼붓는 경우가 많았다. 그들은 작품들이 허술하고 제멋대로 그려졌다고 판단한 것이다. 그럴 수밖에 없었던 것이 이전의 작품들에 비해서 초점을 맞춘 한 곳을 제외하고는 다른 부분들은 초점이 맞지 않기 때문에 흐릿하고 대략적으로 그려졌기 때문이다. 바로 이것이 인상파가 강조하는 부분이었음에도 불구하고 일반 대중들의 눈에는 그저 단순히 성의 없이 그린 그림으로 보였던 것이다.

전시회를 봤던 르루아는 "얼마나 그림들이 쉽게 그려졌는가? 벽지 장식이 이 그림들보다 완성도가 높다니!"라고 혹평을 했다. 이것은 당시에 인상주의에 대한 일반 대중들의 인식이 부족한데 기인한 것이라고 볼 수 있다. 또한 전시된 그림들의 가격도 형편없이 낮게 책정했기 때문에, 모네는 경제적으로 일어서는데 실패하고 말았다. 첫 번째로 열린 인상주의 전시회조차도 모네에게는 또 하나의 '실패'의 경험이 되었던 것이다.

/ 1877년 제3회 인상주의 전시회 /

세 번째로 열린 인상주의 전시회에서 평론가 샤를 비고는 다음과 같은 평을 내놓았다. "화가들의 내면의 느낌이 나타나 있지 않다.... 화가와 인간에 관해 제시할 수 있는 주제의 선택도 없다. 모네의 그림에는 혼과 정신이 없다." 이렇게 전시회가 많은 비난을 받게 되고 이 영향으로 모네도 좌절감을 맛보게 되었으며, 그의 경제적인 빈궁은 계속되었다고 볼 수 있다. 설상가상으로 2년 뒤인 1879년에 아내인 카미유가 사망하고 만다. 그녀의 나이는 32세였다.

이어지는 1880년 인상주의 전시회도 여전히 대중들의 혹평을 받았다. 1882년의 전시회도 혹평을 받았지만, 풍경화는 호평을 받았다. 모네는 계속해서 묵묵히 그림 작업을 해왔는데, 이 덕분에 서서히 유명세를 타게 되었다. 빚쟁이들 때문에 수시로 이사를 하면서 살았던 모네는 더 이상 이사하지 않고 한 곳에 정착하게 된다. 센 강가에 있는 작은 마을 지베르니에서 이때 이후 죽을 때까지 43년 동안 작품 활동을 했다.

／ 그림 판매: 루앙 대성당 연작 ／

루앙 대성당을 하루 중의 각각 다른 시각에 그린 연작을 완성하게 되는데, 총 30점의 연작들 중에서 20점이 각각 1만 2000프랑에 팔리게 되었다. 이는 한화로 약 1500만 원 정도가 되는 금액이었고, 총 20점이니까 3억 원의 그림 판매 수익을 올리게 되었다. 그의 그림 한 점 가격이 노동자의 1년 치 수입보다 많았던 것이다. 1876년에 그의 그림 판매 수익이 200프랑이었던 것이 1921년에는 20만 프랑이 되었는데, 무려 1000배가 오른 금액이었다. 평론가들과 대중들이 실패라고 조롱했던 그림들이었지만, 모네는 그렇게 생각한 적이 없었고, 쉬지 않고 그림을 그렸고 전시회에 출품했다. 이런 그의 인내와 노력은 수많은 사람들의 실패 평가를 결국 성공으로 바꾸어 놓았다. 이것이 우리가 배워야 하는 '잘 실패하는 법'이다.

/ 수련 연작의 탄생 /

1899년부터 모네는 수련을 중점적으로 그리기 시작했다. 프랑스 이외에도 런던, 베를린, 베니스 등에서 유명세를 타기 시작했다. 1911년에는 그의 둘째 부인이 사망하게 되고 1914년에는 그의 아들도 사망하는 비극적인 사건이 일어났다. 이런 연속적인 비극적 경험에도 불구하고 모네는 계속해서 작품을 그려나갔다. 그는 수련 작품을 수 백 번 그렸으며, 크기가 2미터가 넘는 대작들도 완성했다. 그렇지만 그가 볼 때 미완성 작품이라고 판단되는 작품들은 가차 없이 칼로 찢거나 불에 태워버렸다. 자신에게 매우 엄격하고 혹독한 화가가 바로 모네였다.

/ 모네의 잘 실패하는 법 /

1) 살롱전에서 연속해서 낙선했을 때도 심사위원들의 평가에 좌절하지 않았다.
2) 심지어 낙선이 실패라는 생각조차 하지 않았다.
3) 계속되는 어려운 경제 사정에도 불구하고 결코 작품을 그리는 작업을 멈춘 적이 없었다.
4) 남들이 다들 그리는 방법이 아닌 자신이 옳다고 믿는 방법으로 그의 화풍을 꿋꿋하게 지켜나갔다.

5) 그의 시력이 나빠졌지만, 그만큼 느리게 그림을 그려 나
갔다.
6) 그가 경험한 무수한 실패들이 모네를 성공하게 만들었다.
7) 좋은 친구들과 선생님들을 만남으로써 결국 최고의 화
가가 될 수 있었다.
8) 살롱전에서의 실패를 낙선전으로 만회하였다.

라이트 형제

윌버 라이트(Wilbur Wright, 1867-1912),
오빌 라이트(Orville Wright, 1871-1948)
미국, 세계 최초의 동력 비행에 성공한 발
명가 형제

라이트 형제

/ 형 윌버 라이트, 동생 오빌 라이트 /

　　　　라이트 형제라고 하면 누구나 이름을 한 번쯤은 들어봤을 것이다. 비행기를 최초로 하늘에 띄운 사람들 정도로 알고 있을 수 있지만, 정작 이들에 관해서 조금만 더 깊이 들어가면 별로 아는 것이 없다는 고백을 해야 하는 상황이다. 과연 이들이 만든 비행기는 어떤 것이었는지 구체적으로 알아보아야 하고, 라이트 형제가 성공한 것이 어떤 의미를 갖는 것인지에 관해서도 짚어봐야 한다. 그리고 이들 형제도 실패한 적이 있었나 하는 질문을 던져봐야 할 것이며 그 실패를 어떤 방법으로 극복했는지에 관해서 살펴보기로 하자.

/ 플라이어(Flyer)호 /

　　　　라이트 형제가 만든 플라이어호는 인류역사상 최초의 동력비행기였다. 즉, 비행기에 엔진을 달아서 이 엔진의 힘으로 움직이는 비행기라는 말이다. 항공역사에 있어서 길이 남을 만한 업적이 아닐 수 없다. 그렇지만 이들 형제가 늘 성공 가도만 달려왔던 것은 결코 아니었다.

　　이들이 발명한 비행기에 장착했던 동력엔진 기술은 아무에게도 알려주지 않은 극비사항이었는데, 라이트 형제가 자기들의 비행기 제작 기술이 남에게 알려지지 않기를 극도로 신경을 써서 이들이 동력비행기를 날리는데 성공했던 자리에는 기자는 한 명도 참석하지 못했다고 한다. 자신들의 기술이 도용될 것에 대한 두려움이 컸고, 언론에 노출되는 것도 극도로 꺼렸기 때문이다. 기록에 따르면 이 인류최초의 동력비행기 실험에 성공한 장소에는 해안 경비대원 3명과 지역주민 2명만이 있어서 이 실험을 지켜볼 수 있었다. 이런 의미에서 라이트 형제도 나약한 인간의 모습을 보여주었다고 하겠다.

╱ 연구와 실험과정 ╱

1903년 12월 17일 미국 노스캐롤라이나 주의 '키티호크'라는 곳에서 "최초의 동력비행"과 "지속적인 조종비행"에 성공했다. 플라이어호는 12마력의 가솔린 엔진을 장착한 비행기였는데, 활주로에서 이륙하여 평평한 사막 위를 여러 차례 비행했다. 물론 그 비행거리는 짧은 편이었다. 이듬해에는 오하이오 주에서 실험 비행을 반복했는데, 그 중에서 두 번은 약 5분 동안 비행할 수 있었다.

1905년이 되자 개량된 플라이어 3호는 여러 차례에 걸쳐서 선회비행을 할 수 있게 되었고, 그 중에 한 번은 38분 동안 날아서 39킬로미터를 비행했다. 결국 이런 실험 비행의 성공은 비로소 인류에게 '실용비행기' 시대가 열리게 되었음을 의미하는 것이었다. 단순히 비행기를 띄우는 데만 성공하는 것이 아니라, 사람들이 볼일을 보기 위해서 혹은 관광을 위해서 비행기를 타고 어느 목적지까지 가는 일이 가능하게 되는 밑거름이 되었다는 말이다. 지금처럼 비행기가 어디든 승객들을 실어 나르고, 안전하고 빠르게 목적지까지 갈 수 있는 교통수단이 되리라고는 아마 라이트 형제조차도 상상하지 못했을 것이다.

/ 라이트 형제의 출발점 /

동력 비행기가 아직 발명되지 않았을 때니까, 이런 비행기에 대한 지식을 갖추는 것은 오로지 라이트 형제가 스스로 길을 찾아서 해 나가야 했던 일이었다. 아무런 원천 기술도 없고, 앞서 가는 선배도 없는 상황에서 도대체 이들을 어떻게 비행기를 만들려는 생각을 하게 된 것일까?

라이트 형제는 원래 자전거 가게를 했던 사람들이다. 자전거뿐만 아니라, 모터나 인쇄기 등의 기계를 통해 나중에 활용하게 된 비행기 제작에 필수적인 기술들을 하나씩 습득해 나갈 수 있었다. 1900년부터 1903년까지 글라이더 테스트를 통해서 조종사로서의 기술도 습득하게 된다.

찰리 테일러는 라이트 형제의 자전거 가게의 직원이었는데, 형제들이 첫 항공기 엔진을 제작하는데 큰 역할을 했다. 비행기를 만드는 엄청난 일에 자전거 가게 직원과 그 가게를 운영했던 라이트 형제가 중추적인 역할을 했다는 사실을 누가 믿겠는가? 코웃음을 칠 일이다. 그러나 스티브 잡스와 그의 친구 워즈니악이 차고에서 애플 컴퓨터를 만들어냈던 것을 생각해 보면, 코웃음이 쏙 들어갈 수도 있겠다. 이렇게 비행기를 만들기에는 사실 '원시적'이라고 할 수 있는 여건이었지만, 이들은 지혜를 모아서 이 일을 해낸 것이다. 역사상 처음으로 동력 비행기를 하늘에 날리는 일을 성공한 것이다. 이런 상황이었으니, 이들이 경험한 실패들이 오죽 많았을까? 우리는 감히 상상할 수도 없을 정도였으리라고 어렴풋이 짐작만 해 보는 것도 조심스러울 정도다.

7남매 중의 두 명으로 태어난 형 윌버(1867년생)와 동생 오빌(1871년생)은 오하이오 주 데이톤(Dayton)이라는 곳에서 태어났다. 남들은 장난감을 가게에서 돈을 주고 구입할 때, 이들 형제는 헬리콥터 장난감 같은 것을 직접 만들었다. 이런 경험이 비행기에 대한 호기심이 발동하게 되는 계기가 되었다고 하겠다.

이들은 1892년 미국을 휩쓸었던 자전거 열풍의 한 가운데 있으면서 이런 열풍에 대한 투자의 의미로 자전거 수리 및 판매 가게(Wright Cycle Company)를 열게 되었던 것이다. 이어서 1896년에는 그들의 상표를 만들어서 자전거를 생산하기 시작했다. 이렇게 자전거 가게를 통해서 벌어들였던 수입을 라이트 형제는 항공에 대한 호기심을 충족시키는 데 사용했다. 특히 독일 사람이었던 릴리엔탈(Lilienthal)의 환상적인 글라이더 사진을 신문과 잡지를 통해서 접하게 된 것은 형제에게 큰 자극을 주었다.

1896년은 항공 역사에 있어서 여러 가지 중대한 사건이 있었는데, 그 중에 하나가 라이트 형제가 동경하던 릴리엔

탈이 그가 만든 글라이더가 추락하는 바람에 사망한 사건이 었다. 물론 같은 해에 랭리(Langley)는 무인 증기항공기 비행에 성공했으며, 항공학의 권위자였던 차누트(Chanute)는 다양한 글라이더를 시험 비행했던 사건들이 있었다. 그럼에도 불구하고 릴리엔탈의 죽음은 형제들의 의식 속에 깊이 뿌리를 내리게 되었다. 이제 동력 비행기의 발명은 죽음과 경쟁해야 하는 일이 된 것이다.

/ 역사적인 사건 /

1900년이 되자 라이트 형제는 '유인 글라이더' 비행을 시험하기 위해서 노스캐롤라이나 주의 "키티 호크"(Kitty Hawk)라는 도시로 이동하게 된다. 158번국도 옆으로 대서양이 있어서 은밀하게 비행기 시험하기에는 최적의 장소라고 형 윌버는 판단했으며, 미국 기상청에 날씨 데이터를 요청해서 받은 자료를 분석하기 시작했다. 1900년 10월 3일에 첫 번째 시험 비행이 있었는데, 형 윌버는 글라이더에서 사람들이 줄을 잡은 상태로 연처럼 비행을 했다. 대부분의 시험 비행은 무인으로 진행했으며, 모래주머니 등을 싣기도 하면서 하루에 많게는 12번의 비행도 실행했다. 수많은 시행착오들과 실패들이 있었고, 이렇게 시험 비행을 거의 2년 동안 실행하여, 1902년에는 26초 동안 190여 미터를 비행한 기록도 세웠다. 이때까지 라이트 형제는 엔진이 없는 글라이더로 시험비행을 했던 것이다. 즉, 무동력 비행기였다는 말이다.

1903년이 되자 라이트 형제는 "라이트 플라이어 1호"를 제작하게 되는데, 나무 프로펠러를 설계하는데 이르렀다. 또한 이 비행기에 장착할 엔진을 필요로 하게 되는데, 많은 엔진제작자들에게 가벼운 엔진을 만들어 줄 것을 주문했으나 이런 요구를 충족시키는 사람이 없었다. 그들의 자전거 가게의 직원이었던 찰리 테일러(Charlie Taylor)가 6주 만에 엔진을 제작했는데, 엔진의 칸막이를 알루미늄으로 제작해서 엔진의 무게를 현저히 줄였다. 이렇게 가벼운 엔진을 장착한 라이트 형제의 "라이트 플라이어 1호"는 1903년 12월 14일 형 윌버가 3초가량 비행했으나 이륙하자마자 속도가 떨어져서 비행기에 작은 손상을 입었다.

드디어 3일 뒤인 1903년 12월 17일 라이트 형제는 마침내 이륙에 성공하여 두 차례 비행을 하게 된다. 동생 오빌이 비행한 첫 비행에서 12초 동안 37m를 비행했으며, 속도는 10.9 Km를 기록했다. 이것이 바로 라이트 형제가 인류 역사상 최초로 '동력 비행'을 성공한 장면이었다. 이렇게 엄청난 사건이 일어난 현장에 있었던 사람은 라이트 형제를 제외하고 단 5명이었다. 해안 구조대원이 3명, 근처에 살던 사업가와 청년 각각 1명씩. 3명의 구조대원들 중의 한 사람이었던 존 다니엘스(John Daniels)는 이 역사적인 첫 비행을 촬영한 사람으로 알려져 있다.

이렇게 최초의 동력 비행에 성공한 후 이 사실을 언론에 공개해 달라고 아버지에게 전보를 보냈고, 아버지는 언론사에 알렸으나 언론사에서는 비행 시간이 12초로 너무 짧다는 이유로 언론에 공개해 주지 않았다. 이렇게 인류 최초의 동력 비행 성공 사건은 보도조차 되지 못하는 '실패'를 맛보게 되었다. 이로 인해서 다음 해인 1904년 1월에서야 비로소 라이트 형제들의 비행 성공 사실이 언론에 발표되었다. 하지만 이 기사는 대중들을 흥분시키지 못하고 사라졌다. 이점에 있어서도 미국 국민들 중에서 대다수는 라이트 형제가 이런 엄청난 성공을 거뒀다는 사실조차 알지 못하고 지나갔던 것이다. 그러나 오히려 비행기 개발에 있어서 선두 주자를 달리고 있었던 프랑스 파리의 항공클럽은 이 소식을 굉장히 심각하게 받아들였고, 라이트 형제를 따라잡기 위해 한층 더 노력을 기울이게 되었다. 라이트 형제의 고국 사람들은 신경도 쓰지 않고 있는 반면에 외국 사람들은 라이트 형제의 성공에 자극을 받아서 더욱 연구에 박차를 가하게 되었다는 것은 아이러니다.

라이트 형제의 '실패'는 여기서 그치지 않았다. 와신상담하여 1904년 5월 23일, 그들은 플라이어 2호를 제작하여 첫 시험 비행을 실행했다. 물론 이 날은 기자들을 초청하기는 했지만, 사진 촬영이 없는 상태로 시험 비행을 했다. 그러나 엔진에 문제가 발생하고, 심한 바람으로 인해서 결국 비행에 실패하고 말았다. 며칠 뒤에 더 적은 인원의 기자들 앞에서도 라이트 형제는 비행이 아니라, 달리기 정도만 보여주었을 뿐이었다. 이번에도 처절하게 실패한 것이다. 거듭해서 실패를 경험하게 되었기 때문에 이들 형제들은 의기소침해 질 수도 있었을 것이다. 더구나 이 기자들은 실망한 나머지 그 이후 1년 반 동안이나 라이트 형제를 무시했다. 형제는 지나친 비밀주의를 고수하다가 오히려 그로 인해서 실패를 경험한 셈이었다.

이런 일반 사람들의 생각과는 달리 형제는 기자들의 관심에서 벗어난 것을 오히려 기뻐했다. 그들의 경쟁자들이 자신들의 기술을 모방할 수 있는 가능성을 차단하게 되었기 때문이다. 바로 이것이 라이트 형제의 '잘 실패하는 법'이었던 것이다. 세상의 무관심과 언론의 냉대는 좌절과 낙심을 불러올 수 있는 요소였지만, 형제는 오히려 이런 부정적인 평가들을 담대하게 무시해 버리고, 자신들만의 연구에 더욱 몰두하게 되었다. 연이은 실패들을 경험으로 더욱 자신들만의 실력과 기술을 향상시키는 일에 시간과 노력을 기울였기 때문에 궁극적인 성공도 거둘 수 있었다고 하겠다.

／ 새로운 도전, 그러나 위험한 도전 ／

키티 호크에서 동력 비행을 성공한 후에 라이트 형제는 실용적인 항공기 제작에 매진하기 위해 큰 결정을 하게 된다. 그들이 경영하고 있던 자전거 사업을 포기하기로 결정한 것이다. 자전거 사업에서 벌어들이는 수입이 만만치 않았기 때문에, 이 결정은 경제적으로 위험한 결정인 셈이었다. 더구나 그들의 집안이 부유하지도 않았고 정부로부터의 지원도 없었기 때문에 더욱 그랬다. 라이트 형제는 자신들의 발명품을 그들의 생계 수단으로 사용할 의도도 없었고, 그렇다고 그들의 기술을 공개할 생각도 없었다.

이렇게 배수진을 치고 항공기 개발에 매진한 라이트 형제는 1904년 한 해에만 무려 105회 비행을 했고 비행 누적시간이 총 50분을 달했다. 하지만 플라이어 2호는 여전히 조종 불능 상태에 빠지는 현상이 발생했다. 그래서 엔진만을 남겨두고 플라이어 2호는 폐기하게 되고, 플라이어 3

호를 제작하게 된다. 형 윌버가 세운 최장 비행은 24.5마일 (39.4Km), 38분 3초였다. 그리고 이 때도 연료가 다 소진 되고 나서 안전하게 착륙했다. 이렇게 비행에 성공하면서 라이트 형제는 판매가 가능하고 장시간의 비행이 가능한 실 용적인 비행기를 개발하겠다는 자신들의 목표가 달성된 것 으로 보았다.

/ 거짓말 논란 /

라이트 형제는 비록 자신들의 힘으로 동 력 비행에 성공했으나, 프랑스에서는 이런 소식을 그대로 믿지 못하는 분위기였다. 라이트 형제의 성공 소식은 거짓 말이라는 기사가 나오기도 했다. '헤럴드 트리뷴'이라는 파 리에서 발간되는 신문에는 "비행사들인가 거짓말쟁이들인 가?"(Flyers or Liars?)라는 제목의 기사가 게재되었다.

라이트 형제의 고향인 오하이오 주 데이턴의 지역 신문 들도 라이트 형제가 비행에 성공한 지 몇 년 후에야 비로소 그들을 국가적인 영웅으로 칭송하기 시작했다. 형제가 성공 할 당시의 지역 신문들의 기자는 이렇게 역사적으로 중요한 사건의 보도를 놓친 것이다. 데이턴 일간 뉴스 편집장은 당 시에 데이턴에 사는 사람들 중에서 아무도 라이트 형제의 성공을 믿지 않았다고 말하면서 당시의 신문 기자들의 생각을 대변하는 말을 했다. 몇몇 신문들이 장거리 비행에 대한 기사를 게재했으나, 기사를 작성한 기자가 라이트 형제의 비행 장면을 직접 보거나 사진을 찍은 적은 없었다.

라이트 형제의 성공에 대해서 이렇게 부정적인 반응이 나온 배경에는 유럽의 불신이 자리 잡고 있었다. 역사적으로 보면 비행기 개발의 역사는 미국보다 유럽이 앞서는 것이 사실이었고, 특히 프랑스는 오랜 세월 동안 동력 비행기 개발을 위해 엄청난 노력을 기울여왔다. 그래서 유럽이 아닌 미국에서 동력 비행기 비행이 성공했다는 사실을 믿으려고 하지 않았던 것이다. 이런 경향이 고스란히 미국 내에서도 나타났기 때문에, 라이트 형제의 성공은 거짓말로 포장되어 받아들여지게 되었던 것이다.

/ 비행기 판매의 실패들 /

라이트 형제는 자신들이 개발한 플라이어 호에 대해서 누구든지 직접적인 구매의사를 표시하지 않으면 비행 시험을 보여주지 않기로 했다. 그리고 미국, 영국, 프랑스, 독일 등에 자신들의 비행기를 구매해 줄 것을 요청하기에 이르렀다. 그렇지만 비행 시범을 보기 전에 무조건

구매 계약을 체결해야 한다고 라이트 형제가 요구했기 때문에 계약이 무산되었다. 라이트 형제는 자신들의 플라이어호의 사진조차도 보여주지 않았고, 미국 육군은 두 번이나 추락한 전력이 있는 그들의 비행기 구입을 거부했다. 이렇게 연이은 계약 '실패'에도 불구하고 라이트 형제는 포기하지 않고 계속해서 그들만의 비행기 개발 작업을 진행했다. 비행기를 판매하는 일에 있어서는 라이트 형제가 연속해서 실패를 경험했다고 할 수 있으며, 이런 거듭되는 실패에도 그들은 쉼 없이 계속 비행기 개발에 박차를 가했다는 점을 긍정적으로 보게 된다.

1906년과 1907년에 라이트 형제는 아예 비행을 하지 않았고 유럽과 미국 정부를 설득하는 작업에 돌입했다. 성공적으로 비행기를 제작했으며, 이를 판매하기 위한 협상의 준비가 되었다고 홍보했지만, 미국 육군은 이들의 제안에 관심이 없었다. 이에 유럽 국가들에 홍보를 계획하게 되는데, 특히 프랑스에 진출하는 것을 적극적으로 모색하게 된다. 프랑스를 포함한 유럽의 나라들은 항공에 대한 관심도가 세계의 타 지역 나라들보다 월등히 더 높기 때문이었다. 1907년에는 정부 관리들과 사업가들과의 협상을 위해 유럽으로 가게 되었다. 독일과 영국의 항공 대표자들과의 만남이 이루어졌고, 시범비행을 위한 신형 모델 A 플라이어호를 배로 운반하게 된다.

형인 윌버는 유럽에서 공개비행을 하기로 했고, 동생 오빌은 미국 워싱턴 DC의 육군본부에서 공개비행을 하기로 했다. 윌버는 의심 많던 프랑스 항공 모임 앞에서와 라이트 형제를 조롱하던 신문사들 앞에서 1908년 공식적인 공개비행에 성공하게 된다. 그는 1분 45초 동안 비행하면서 기술적으로 도전적인 비행을 감행했다. 수많은 비행기 개발 선구자들 앞에서 그들이 개발한 비행기의 능력과 윌버 본인의 조종능력을 유감없이 선보였다.

윌버의 곡예비행을 보고 거기 모였던 수천 명의 관중들이 열광했으며, 이로 인해 하룻밤 사이에 그는 전 세계적인 명성을 얻게 되었다. 라이트 형제의 동력 비행기 비행 성공을 의심하고 조롱했던 많은 사람들도 이제는 윌버의 비행에 대해서 칭송을 아끼지 않았으며, 과거에 그를 비난했던 것에 대해서 사과까지 하는 사태가 벌어지게 되었다.

동생인 오빌도 1908년 9월에 버지니아 주의 미 육군 기지에서 플라이어 호를 타고 시험비행에 성공했다. 정확하게는 9월 9일 오빌은 처음으로 한 시간을 넘은 비행에 성공했는데, 공식적인 비행시간은 62분 15초였다. 라이트 형제의 이런 시험비행 성공 소식이 널리 알려지자, 미국 대통령이 그들을 백악관으로 초청하게 된다. 다음 해인 1909년 7월에는 미 육군의 요구사항이었던 2인승 비행, 평균 속도 40마일, 무사히 착륙하기 등을 모두 만족시키는 비행에 성공하기에 이르렀다. 라이트 형제는 미 육군 통신대와 항공 사단에 3만 달러를 받고 비행기를 판매하는데 성공했다.

10월 초에는 뉴욕 시의 축제에서 "자유의 여신상" 주변을 33분 동안 비행했으며, 이 비행으로 라이트 형제의 명성은 더욱 높아지게 되었다. 이전의 연이은 실패들 속에서도 형제는 그들의 목숨을 걸고 직접 비행 시범을 보여줌으로써 사람들의 의심을 불식시키고 최종적으로 성공하게 되었던 것이다. 그렇지만 늘 좋은 일만 생기지는 않는 것처럼 오빌이 조종하던 비행기가 추락해서 오빌과 함께 탑승했던 미 육군 장교 토머스 소위가 두개골 골절상으로 사망하는 사고가 발생하기도 했다.

╱ 새로운 경험 ╱

1910년 5월에 오빌은 특별한 비행을 경험하게 된다. 형 윌버와 함께 6분 동안 비행을 한 것이다. 이들 형제의 유일한 동시 비행으로 기록된다. 이렇게 라이트 형제가 함께 비행한 적이 없었던 것은 그들의 아버지가 허락하지 않았기 때문이었다. 형제가 함께 비행을 했다가 혹시라도 추락해서 둘 다 사망하게 되면 비행기 개발을 계속해서 할 수 없게 된다고 아버지는 주장했던 것이다. 그러나 마침내 형제들이 동력 비행기의 개발에 성공하게 되자, 아버지도 아들과 함께 비행을 하게 되었다. 80세가 넘는 아버지를 태우고 오빌은 약 7분 정도 비행을 했고, 아버지는 100미터 정도의 상공에서 오빌에게 더 높이 올라가자고 말했다고 전해진다.

20세기 초에는 시험 비행이 있을 때마다 수많은 사람들이 운집했고, 시험 비행에 도전한 사람들은 더 많은 사람들이 이 장면을 목격해주고, 소문을 내 주기를 바라는 것이 일반적인 경향이었다. 그래야 시험 비행의 성과를 인정받을 수 있는 가능성이 더 높아지게 되기 때문이었다. 그렇지만 라이트 형제는 이런 일반적인 경향과는 정반대의 행보를 보였다. 사람들에게 알리지도 않은 채 그들의 연구와 비행을 묵묵히 그리고 조용히 수행해 나갔다. 라이트 형제의 이런 비밀주의와 소극적인 홍보활동은 그들의 놀라운 업적을 일반 대중들로부터 인정을 받는데 결정적으로 불리한 요인으로 작용했던 것이 사실이다. 매스컴과 군중들은 실제로 라이트 형제의 업적을 목격하지 못했고 그래서 그들의 빛나는 성과를 불신했던 것이다. 소수의 신문들이 이들의 업적에 관해서 보도를 했으나 그마저도 사실을 크게 왜곡해서 보도

하곤 했다.

그렇지만 매스컴과 대중들의 부정적인 평가들조차도 라이트 형제가 하는 일에 대한 열정을 꺾지 못했으며, 오히려 비행기 성능의 개선을 위해 실험을 꾸준히 지속했다. 오직 비행기 개발에만 평생을 바친 라이트 형제는 형 윌버가 장티푸스로 1912년에 45세의 나이에 사망하게 되었고, 동생 오빌은 1948년 76세 때 심장병으로 사망하고 만다. 형제들 모두 미혼이었다.

평범한 가장으로 살아가는 삶조차도 사치로 여겨질 만큼 라이트 형제는 그들에게 주어진 삶의 전부를 비행기 개발과 연구에 쏟아 부었다. 전략적인 접근도 없었고, 정치적인 의도도 없이 오로지 인류의 더 나은 삶을 위한 동력 비행기를 개발하고자 하는 열정으로 살았던 것이다. 많은 사람들의 불신을 받고 대중들로부터 외면당하는 일도 있었지만, 이러한 실패의 경험들이 라이트 형제를 좌절케 하거나 포기하게 만들지는 못했다. 이런 실패들은 오히려 형제들에게 도전정신을 자극했으며, 이로 인해서 결국 라이트 형제는 인류의 염원이었던 동력 비행기를 하늘에 날리는데 성공하게 되었다. 형제의 삶을 통해서 '실패'는 얼마나 그들에게 긍정적인 역할을 했으며, 동시에 성공에 필수적인 요소가 되었는지를 알 수 있었다.

조앤 롤링

조앤 캐슬린 롤링
(Joanne Kathleen Rowling, 1965~)
영국, 작가

조앤 롤링

이 글을 쓰고 있는 필자가 부러워하는 작가들 중의 한 사람은 바로 해리 포터의 작가로 잘 알려진 조앤 롤링이다. 마법이라는 소재는 영국 작가들이 단골로 그들의 작품을 통해서 말해왔던 주제라고 할 수 있는데, 그것이 유독 롤링의 손에 의해서 엄청나게 대박을 터트리고 말았다. 아직 초등학생이었던 우리 아들과 딸을 데리고 파주의 출판단지를 찾았던 때를 아직도 생생하게 기억하고 있다. 엄청나게 많은 출판사들이 줄지어서 자신들이 출간한 책들을 전시하고 홍보를 하고 있는 가운데, 너무 많이 걸어 다녀서 다리도 아프고 피곤하기도 해졌을 무렵이었다.

그때 우리 가족의 눈앞에 나타난 출판사는 "문학수첩"이었다. 이름이 마음에 들어서 들어가 보기로 했는데, 거기서 운명처럼 "해리 포터" 제 1권을 만나게 되었다. 처음 들어보는 제목의 책이라서 구입할까 말까 망설이고 있다가 표지의 그림도 친근했고, 처음 1-2페이지를 읽어보니 흥미를 끌었다. 그래서 과감하게 책을 구입했고, 그렇게 하길 정말 잘했다는 생각을 두고두고 하게 되었다. 총 7권까지 나오는 동안 계속해서 구입했고, 지금도 우리 집의 서재에 가지런히 꽂혀 있다. 해리 포터 시리즈는 지금까지 너무도 많이 판매되어서 각종 기록을 다 갱신했고, 수없이 많은 상을 탔다. 그래서 롤링은 이제 성에 사는 세계적인 갑부가 되었다. 더구나 이 책을 원작으로 하는 영화들이 제작되어서 폭발적인 인기를 얻게 되면서 롤링의 수입은 천문학적으로 늘어나게 되었다. 이혼녀로 가난에 허덕이던 상황에서 완전히 환골탈태하게 된 것이 해리 포터 시리즈였던 것이다.

해리 포터가 대박을 터트리기 전까지 롤링의 삶은 글자 그대로 실패들의 연속이었다. 이런 실패들을 그녀는 과연 어떻게 극복했을까? 아니 어떻게 잘 실패했을까? 궁금했다. 알고 싶었다. 그래서 이 책에서 다룰 인물로 롤링을 선택하게 되었다.

해리 포터 시리즈의 각종 기록들

현재까지 누적 판매부수는 5억 부 초과

영화 수익은 91억 달러

뉴욕 타임스 베스트셀러 1위

퍼블리셔스 위클리 1998년 최우수 도서

북리스트 편집자가 뽑은 우수 도서

1997년 영국의 우수 도서상 수상

미국 도서 협회 우수 도서

1997년 금메달 스마티즈상 수상 등등

배경 이야기

롤링은 1965년 영국에서 출생했으며, 대학에서 불문학과 고전학으로 학사학위를 받았다. 영국 남서부 소도시의 지극히 평범한 중 하류층 가정에서 자랐고 어릴 때부터 동생에게 직접 만든 이야기를 들려주곤 했다. 어려서부터 이야기를 만드는데 관심이 많았던 아이였다고 할 수 있다. 이렇게 롤링이 이야기에 관심이 많았던 것은 그녀의 부모님이 독서를 즐겼던 분들이셨고, 그래서 틈만 나면 딸에게 책을 읽어주곤 했던 것이 롤링에게 큰 영향을 미쳤다고 할 수 있다. 이야기의 세계에 빠져 상상력을 키웠던 것이 나중에 작가로서 성공할 수 있는 원동력이 되었다고 하겠다.

본명은 조앤 캐슬린 롤링이지만, J.K. 롤링이라는 필명을 사용한다. 이 필명을 사용하기로 한 것이 블룸즈베리 출판사와의 계약 조건 속에 들어있었는데, 남자 아이들은 여자가 쓴 책을 읽지 않을 것이라고 판단해서 이렇게 필명을 사용한 것이라고 한다. J.K. 롤링이라고 하면 작가가 남자인지여자인지 알 수 없게 되기 때문이다. 참고로 조앤은 롤링의할머니 이름이었다. 롤링의 유년기와 청소년기는 끊임없이책을 읽고 이야기를 만들어나가는 생활의 연속이었다. 특히 C.S. 루이스가 쓴 『나니아 나라 이야기』와 제인 오스틴의『에마』를 즐겨 있었다고 한다.

고전과 신화적인 이야기에 관심이 많았던 롤링의 대학시절에는 톨킨의 『반지의 제왕』을 책표지가 닳아질 때까지읽고 또 읽었다. 액세터(Exeter)대학에 진학해서는 불어불문학을 전공했다. 이것은 장래에 비서나 통역사로 직장을구하기 쉬울 것이라고 판단한 롤링의 부모님의 견해를 존중한 선택이었다.

대학을 졸업한 후에는 부모님의 희망대로 국제사면위원회의 비서라는 안정된 직장을 얻었다. 그러나 여러 가지 이야기 소재들을 중심으로 상상력의 나래를 펴던 롤링에게 비서의 일은 도무지 맞지가 않았다. 일을 하면서도 머리 속에는 온통 이야기 줄거리로 가득 차 있었다. 이런 상황이다 보니, 자연스럽게 비서 업무에 소홀하게 되고 1990년에 해고를 당하게 된다. 그 후에 롤링은 포르투갈로 가서 영어 교사로 일하게 되며, 그곳에서 기자를 만나 결혼하고 딸을 출산했다. 그렇지만 가정폭력으로 인해 이혼하게 되었고, 다시 영국의 고향으로 돌아와서 에딘버러에 정착하게 된다. 남들에게는 실패한 인생으로 보일 수 있는 모습이었고, 고단한 삶의 시작이었다.

/ 에딘버러에서의 삶 /

4개월밖에 되지 않은 아직 젖먹이였던 딸과 함께 에딘버러에 도착한 롤링은 막막했지만, 그곳은 그녀의 여동생이 살던 곳이라서 그나마 동생에게 의지할 수 있었다. 일단 도망치듯이 포르투갈을 떠나서 도착한 곳이었지만, 당장 그녀는 일정한 수입도 없이 정부에서 주는 보조금으로 연명하게 되었다.

삶이 고단하고 힘들어서 우울증까지 왔던 롤링은 이 우울증을 치료하려는 목적으로 글을 쓰기 시작했는데, 여기에는 동생의 권유가 한 몫을 했다. 어려서부터 언니가 동생에게 재미있는 이야기들을 만들어서 들려주었기 때문이었다. 이렇게 롤링은 책 읽기와 이야기 만들기를 좋아했고, 소설가의 꿈을 갖고 있었기 때문에 글 쓰는 일을 시작하는 게 가능했던 것이다.

어린 딸의 분유 값도 없는 상황이었고 기저귀 값도 감당할 수 없을 정도로 상황이 안 좋았다. 이렇게 당장 호구지책을 마련하기도 버거웠고 돈을 벌 수도 없었다. 그러니 당연하게 앞날에 대한 두려움이 생겼으며, 싱글 맘으로서 곤혹스러운 삶을 살 수밖에 다른 도리가 없었다. 그렇지만 중요한 것은 이런 힘들고 고달픈 역경 속에서도 롤링은 글쓰기를 쉬지 않았다는 점이다. 지금까지 우리가 살펴본 인물들의 경우와 마찬가지로 정말 극단적인 실패의 경험들 속에서도 롤링은 계속해서 글을 썼다. 이것이 롤링이 우리들에게 보여주는 "잘 실패하는 법"이었던 것이다.

자신이 돌봐야 하는 어린 딸을 유모차에 태워서 공원을 도는 일이 일상이 되었으며, 그러다가 딸이 잠들게 되면 롤링은 엘리펀트 하우스라는 카페로 왔다. 커피 한 잔을 주문하고는 미친 듯이 글을 썼다. 이 카페에서 유모차를 옆에 두고 해리 포터 8만 단어를 써 내려 갔다.

/ 해리 포터의 탄생 /

"해리"는 롤링이 가장 좋아하는 남자 이름이었다. 만일 자신이 낳은 자식이 딸이 아니라 아들이었다면 당연히 "해리"라고 명명했을 것이라고 공공연히 말한 적이 있다. "포터"라는 성은 롤링의 옆집에 살던 가족의 성 (姓)이었는데, 롤링은 이 포터라는 성을 좋아했다. 여기서 롤링이 하버드 대학교 졸업식 축사 때 했던 말을 인용해 보기로 하자.

"대학 졸업 후 나의 삶은 누가 봐도 대단한 '실패'였다. 결혼 생활은 얼마 못 가서 파탄이 났고, 나는 졸지에 직장도 없이 자식을 키우는 신세가 되었으며, 이런 상황은 노숙자를 제외하고는 현대 영국 사회에서 가장 가난한 사람이 되게 했다."

이런 롤링의 말만 봐도 그녀는 필자의 이 책에서 반드시 공유해야 할 인물이라는 것을 분명히 알 수 있다. 사람이 실패를 경험하게 되면 그의 삶에서 불필요한 것들을 모두 제거해 버리게 된다. 롤링은 실패한 자신을 그대로 받아들이고 그녀가 가진 모든 열정을 소중한 한 가지에 쏟기 시작했고, 이것이 바로 글쓰기였던 것이다. 우리가 이 책을 통해서 반복적으로 강조하는 것이 실패는 성공을 위한 좋은 경험이라는 말인데, 롤링의 경우야말로 '실패'가 주는 이점을 가르쳐주고 있다고 하겠다.

롤링은 만일 그녀가 다른 일에서 성공을 거두었다면, 자신이 진심으로 원했던 일인 글쓰기에서 반드시 성공하겠다는 굳은 의지를 다지지 못했을 것이라고 말했다. 누구나 두려워하는 실패를 경험했기 때문에, 그대로 실패자로 남지 않았던 롤링은 오히려 실패에 대한 두려움에서 자유로워졌던 것이다. 그녀는 그녀가 실패의 나락으로 추락할 때 부딪혔던 단단한 바닥을 기초로 삼아 그 위에 그녀의 삶을 다시 튼튼하게 지을 수 있었다는 것이다.

／ 환경을 이겨내고 ／

잘 알려진 것처럼 롤링이 주로 해리 포터 원고를 썼던 곳은 그녀의 집 근처에 있던 카페 '엘리펀트 하우스'의 구석자리였다. 지금은 관광객들로 붐비는 관광명소가 되었다. 그곳에서 그녀는 이전부터 생각해 왔던 아이디어를 바탕으로 작품을 집필했다. 제 1권인 '해리포터와 마법사의 돌'을 여기서 집필했는데 이 책은 총 7권으로 이루어진 해리 포터 시리즈의 시작을 알리는 역할을 했던 책이다. 입에 풀칠하기도 힘든 어려운 환경 속에서 딸아이를 키우면서 싱글 맘으로서 글을 쓴다는 것이 어디 쉬운 일인가? 또 그 글이 성공한다는 보장도 없는 앞이 보이지 않는 막막한 상황에서도 롤링은 놀라운 집중력과 의지를 갖고 원고를 한 장 한 장 써 내려 갔다. 이것을 보면 우리들 중에 과연 누가 자신이 처한 환경을 탓하면서 한숨만 쉬면서 주저앉아 있을 수 있는가? 지금 당장 시작하라. 자신이 가장 하고 싶은 일을. 그 일을 하면 스스로를 실패자의 열등감에서 구해낼 수 있고, 성공으로 나아갈 수 있기 때문이다.

/ 반복되는 거절들, 실패들 /

해리 포터 시리즈 1권의 원고를 완성한 후, 롤링은 이것을 출판해줄 출판사를 방문하게 된다. 지금 생각하면 내가 출판사 사장이라면 두 팔을 벌려서 환영하면서 당장 계약하자고 할 것 같은데, 당시 롤링에게 이런 일은 일어나지 않았다. 수없이 거절을 당하게 되는데 그 주된 이유는 어린이들을 위한 책 치고는 너무 분량이 길다는 것이었다. 총 12번의 거절을 당했던 롤링인데, 이 정도 거절을 당했으면 포기할 만도 한데, 그녀는 계속해서 다른 출판사의 문을 두드렸다. 자신이 쓴 이 원고는 반드시 대중들의 마음을 사로잡을 수 있을 것이라는 확신이 그녀 안에 자리 잡고 있었던 것이다. 한 두 번의 거절도 아니고 이것은 거의 실패의 연속이라고 해도 과언이 아니었다.

다른 면에서 생각해 보면, 롤링이 거절당했던 그 12개의 출판사 사장님들은 나중에 해리 포터 시리즈가 이렇게 초대박을 터트렸을 때 무슨 생각을 했을까 궁금하다. 나 같으면 우선 롤링의 원고를 검토했던 편집장부터 해고했을 것 같다. 작가가 제 발로 걸어 들어온 초대박의 일생일대의 기회를 출판사 스스로 날려버린 셈이 아닌가?

13번째 출판사의 기적

12번을 거절당한 롤링의 심정은 어땠을까? 지푸라기라도 잡는 심정으로 다음 출판사로 발걸음을 옮겼던 그녀의 마음은 어디까지 바닥으로 떨어져 있었을까? 감히 헤아리기도 두렵고 안타깝다. 이렇게 절박한 상황에 있던 롤링에게 출판계약을 해준 곳은 '블룸즈베리'라는 소규모 출판사였다. 처음에 500부를 찍기로 계약을 하고 책을 출판하게 되었다. 그런데 독자들의 반응은 엄청났다. 유례가 없는 판매고를 기록하면서 오늘날 우리가 아는 해리 포터 시리즈의 서막을 알렸다. 처음 계약을 할 때는 원고료로 1500파운드를 받았는데, 이것은 약 220만원에 해당하는 금액이었다. 1997년 6월에 드디어 책이 출간되었다.

/ 달라진 롤링의 위상 /

앞에서도 언급한 것처럼 롤링이 원고를 집필한 장소였던 '엘리펀트 하우스'는 관광명소가 되었고, 카페에서 자리만 차지하고 있는 작가들을 무시하지 말라는 말까지 나오게 되었다. 해리 포터 제 1권은 처음 500부 인쇄에서 금방 5만부 인쇄에 이르게 되었고, 이어서 곧바로 50만부가 팔려나갔다. 그리고 그 판매부수는 기하급수적으로 늘어나서 1억 부, 2억 부, 3억 부, 5억 부 이상이 팔려나가고 있는 추세다. 참고로 롤링의 2017년 수입은 약 1070억 원이라고 알려져 있다.

해리 포터 책의 판매로 인해서 롤링의 수입이 급격히 늘어나자, 그녀는 집대신 성을 구입해서 거주하게 된다. 재혼해서 자녀들도 출산하고, 이 작품의 인기에 힘입어 세계적인 명사가 되었고, 대영제국의 훈장도 받았다. 실패자가 될 뻔한 위기의 순간에 계속해서 펜을 놓지 않고 글을 썼던 롤링은 인생의 승리자로 인생역전의 본보기가 된 것이다. 책의 출간 이후에 4년 동안 총 21개의 문학상을 수상하는 기염을 토하기도 했다.

1997년 제 1권이 출간된 이후 2007년 제 7권까지 출간되면서 해리 포터 시리즈는 완성되었다. 2008년에는 하버드 대학에서 문학으로 명예박사학위를 받기에 이른다. 프랑스에서 주는 레지옹 도뇌르 훈장도 받았으며, 네덜란드에서 안데르센 문학상도 탔다.

/ 저작권 논란 /

항상 그렇듯이 누가 유명해지면, 반드시 그 가족 중에서 불만이 있던 사람이 어깃장을 놓기 마련이다. 롤링의 전남편이었던 포르투갈의 기자는 자신도 해리 포터 책의 저작권을 주장할 수 있다고 하면서, 자신과 롤링이 공동으로 창작한 작품이라고 주장하고 나섰다. 그러나 소송에서 롤링이 승소함으로써 이 소란은 일단락이 지어졌다. 롤링이 그녀의 주변 사람들에게서 피드백을 받은 것은 사실이다. 그렇지만 소설의 아이디어 피드백만으로는 저작권이 인정되지 않기 때문에 전남편은 아무런 저작권을 주장할 수 없다고 판결이 났다.

/ 해리 포터 이야기의 탄생 /

롤링이 1990년 기차를 타고 가고 있던 중에 기차가 고장이 나서 몇 시간 동안 기차 안에서 기다려야 하는 일이 있었다. 보통 이런 상황을 만나면 대부분의 사람들은 짜증을 내면서 무료한 시간을 보내기 마련이다. 그런데 롤링은 이 상황에서 오히려 상상의 날개를 펼쳐서 그녀만의 스토리를 구상했다. 바로 이 과정에서 해리 포터 이야기가 탄생했다. 1권을 읽어보면 알게 되지만, 해리 포터와 다른 주인공들이 처음 만나는 곳도 기차 안이었다.

아무 일도 없이 무사히 기차가 목적지에 도착하는 것이 성공이라고 한다면 분명히 롤링이 경험한 기차 고장은 일종의 실패라고 볼 수 있다. 그러나 그렇게 길고 지루한 시간을 오히려 최대한 활용한 것이 롤링이었다. 실패의 순간을 그냥 불평이나 하면서 흘려보낸 것이 아니라, 상상력을 발휘해서 세계의 독자들이 열광하게 되는 흥미로운 스토리를 만들어 낸 것이다. 실패의 시간을 성공의 밑거름으로 만든 멋진 본보기를 보여준 셈이다.

╱ 해리 포터를 넘어서 ╱

　　　　　평생의 역작을 쓰고 난 후에도 롤링은 계
속해서 또 다른 작품을 구상했다. 해리 포터 7권이 나오고나
서 5년이 지난 2012년에 '케주얼 베이컨시'라는 책이 출간
되었고, 이듬해에는 '쿠쿠스 콜링'이 나왔다. 이 두 권의 책
의 작가는 롤링으로 되어 있지 않고, '로버트 갤브레이스'라
고 되어 있어서 처음 책들이 나왔을 때, 서평을 쓴 사람들은
도대체 이 작가가 누군지 몰라서 어리둥절했고, 문단의 평
가도 그리 썩 좋은 편은 아니었다. 이 책들을 J.K. 롤링이라
는 이름으로 냈다면 서평들도 객관적인 평가가 이루어지지
는 않았을 것이다. 바로 롤링이 예상하고 있던 바였고, 그래
서 새로운 필명으로 소설을 내서 냉정한 평가를 받고 싶었
던 것으로 보인다.

　평단의 반응이 보통이어서 그랬는지 몰라도, 이 책들의
판매량도 역시 보통 수준에 그쳤다. 그런데 그 후에 저자가
롤링이라는 것이 밝혀지자, 이 책들은 날개 돋친 듯이 팔려
나가기 시작했다. 2014년에도 '실크웜'이라는 책도 역시 로
버트 갤브레이스라는 필명으로 출간되어 나왔는데, 이것을
포함한 3권의 책들이 모두 예상보다는 훨씬 저조한 판매량
을 기록하는데 그쳤다. 또한 작품성으로 볼 때도 그렇게 뛰

어난 평가를 받지는 못했다.

롤링이 가장 최악의 실패를 경험하고 있을 때, 절박한 상황 속에서 오직 글쓰기에만 매달렸을 때 비로소 그녀의 최고의 작품을 만들어낼 수 있었던 것이지, 이미 유명 인사가 되고 경제적으로 거의 영국 최고의 갑부의 반열에 오른 뒤에는 그런 절박함이 사라졌다고 하겠다. 그렇기 때문에 해리 포터 같은 대작이 나오지 않는 것이 아닐까? 긴장감을 갖고 이것 아니면 절대로 안 된다는 각오로 펜을 움직일 때 자신의 최상의 능력을 끄집어낼 수 있는 것이며, 이런 의미에서 실패는 궁극적인 성공을 향한 굳건한 디딤돌이 된다는 것을 롤링의 경우에도 다시 한 번 배울 수 있다.

/ 우리 모두에게 던지는 질문 /

포르투갈에서 이혼하고 어린 딸과 함께 에딘버러로 돌아온 롤링. 수중에 돈 한 푼 없이 정부 보조금으로 연명해야 했던 그녀를 상상해 보자. 만일 우리가 롤링의 상황 속에 있었다면 과연 우리는 그렇게 집중해서 글을 쓸 수 있었을까? 오히려 글을 쓸 수 없는 이유가 수백 가지는 되었을 것이라서 펜을 집어 던지고 말았을 것이다. 이혼 때문에 생기는 좌절감, 아이를 키우는 싱글 맘으로서 글을 쓸 시간이 없다는 것, 시도 때도 없이 울어대는 딸 아이 때문에 마음 놓고 앉아서 집중하기 힘들다는 점, 등등. 여러분은 자신들이 처해있는 상황에 대해서 불평만 하고 있을 것인가? 아니면 당장 무엇이라도 시도해 볼 것인가? 운명 탓만 하고 넋 놓고 앉아 있을 것인가 혹은 자신이 가장 좋아하는 일을 어떻게 하든 해 볼 것인가? 이제 선택은 여러분의 몫이다.

에이브러햄 링컨

에이브러햄 링컨
(Abraham Lincoln, 1809~1865)
미국, 16대 대통령

에이브러햄 링컨

미국의 대통령이라고 하면 전 세계에서 가장 강력한 나라의 지도자로서 누구나 주목하는 인물임에 틀림없다. 그런데 이들 대통령 중에서 16대 대통령이 누군지를 물어보면 많은 사람들이 링컨 대통령이라고 답을 할 수 있을 것이라고 생각된다. 필자가 초등학교에 다닐 때만 해도 미국 대통령들 중에서 그 이름을 알고 있던 인물은 초대 대통령이었던 워싱턴과 링컨 대통령 정도였다. 이번에 이 책에서 다루고자 하는 인물은 바로 이 링컨 대통령이며, 그에 대해서 자세히 살펴보려고 한다.

우선 링컨 대통령이라고 하면 맨 먼저 무엇을 떠올리게 되는가? 턱수염, 노예 해방, 모자 등 여러 가지가 떠오를 수 있다. 그러나 과연 그가 어떤 대통령이었는지를 알고 있는

지 물어본다면, 그렇게 자세히 알고 있는 사람은 많지 않을 것이라고 본다. 링컨 대통령은 물론 성공의 아이콘으로 불리기는 하지만, 한창 대통령 직무를 수행하고 있을 때, 한 극장에서 암살범의 총에 맞아서 사망하게 되는 비극을 겪게 된다. 이런 링컨 대통령의 일생에 관한 이야기를 살펴보면서 그의 실패 이야기에 대해 알 수 있으며, 그의 기개를 엿볼 수 있으리라고 생각된다. 또한 그의 가정생활과 교육 정도에 대해서도 알아보려고 하며, 무엇보다도 링컨의 실패 극복 방법을 독자들이 배울 수 있는 기회가 될 것이라고 확신한다. 더 나아가서 '독서'가 링컨 대통령의 삶 속에게 얼마나 큰 영향을 미쳤는지에 대해서도 함께 살펴보기로 하자.

/ 링컨 대통령은 어떤 인물인가? /

먼저 링컨 대통령에 대한 기본적인 사실들을 한번 정리해 보기로 한다. 링컨 대통령은 미국의 제16대 대통령을 역임하면서 1861년부터 1865년까지 대통령직을 수행했다. 흑인 노예 해방을 실현시킨 대통령으로도 잘 알려져 있고 미국의 수도인 워싱턴에 링컨 기념관도 건립되어 있다. 이 기념관 안에 들어가 보면, 링컨 대통령의 앉아 있는 동상이 실물크기보다 훨씬 크게 만들어져 있다. 이런 링컨 대통령도 실패한 적이 과연 있을까? 있다면 과연 그 실패들을 어떻게 잘 극복할 수 있었을까? 하는 부분들을 우리가 하나하나씩 살펴보도록 하겠다.

/ 성장 배경 /

링컨의 어머니는 낸시 행스(Nancy Hanks)라고 하는 분인데 학교 교육을 전혀 받지 못했다. 링컨의 아버지는 토마스 링컨(Thomas Lincoln)인데 그 역시 가난했고 교육을 받지 못한 남자였다. 잉글랜드에서 미국으로 이민 온 직공 견습공의 후손이었고 억센 개척민이었다. 따라서 우리가 기억할 점은 링컨 대통령의 부모님은 거의 문맹에 가까운 분들이었다는 것이다. 황량한 사냥꾼의 오두막이 링컨 부모님의 집이었는데 1809년 겨울에 바로 그곳에서 링컨이 출생하게 되었다. 그래서 출생 자체만 보아도 이미 링컨은 실패자 혹은 패배자의 모양새에 어울리는 삶의 시작이었다고 할수 있다.

링컨이 일곱 살 때 그의 가족은 인디애나의 황량하고 인적이 드문 숲속으로 이사를 했고, 이후에 7년 동안을 헛간과 같은 집에서 생활했으며 낙엽 위에서 잠을 잤다. 아버지가 사냥해 온 야생 고기와 견과류로 연명해야 했기 때문에 노예보다 더 끔찍한 가난을 견뎌야 했다고 훗날 링컨은 말했다. 아홉 살 때에 어머니가 사망하고 아버지는 사라 존스톤(Sarah Johnston)이라는 사람과 재혼하게 되었다. 이 새어머니는 링컨과 그의 누나 사라를 모두 친 자식처럼 잘 대해주었다. 특히 새어머니는 책을 좋아하는 링컨에게 많은 도움을 주었다. 그녀는 결혼을 하면서 여러 권의 책들을 가지고 왔는데, 이 책들 중에는 <로빈슨 크루소>, <아라비안나이트> 등이 있었다. 비록 링컨의 아버지는 링컨이 책을 읽는 것을 마땅치 않게 생각했지만, 새어머니의 도움은 링컨이 독서에 대한 습관을 갖게 되는데 결정적인 역할을 했다.

교육 배경

교육 배경을 보면 15세 때 링컨은 알파벳을 알기는 알았지만, 글을 읽는데 어려움이 많았고 특히 글 쓰는 법은 전혀 몰랐다. 아침저녁으로 6.4km에 해당하는 거리를 걸어서 학교에 다녔다. 가난했기 때문에 책을 살 수 없어서 책을 종이에 베껴서 공부를 했고, 그럼에도 불구하고 나중에 미국의 대통령이 되었다는 점을 독자들은 반드시 기억할 필요가 있다.

또한 링컨의 특징들을 보면 다양한 주제에 대한 자기의

의견을 피력하려고 했고 시도 썼고, 산문을 써서 평을 해 달라고 사람들에게 보여주기도 했다. 그리고 한 번은 신문에 링컨이 쓴 글이 게재되기도 하였다. 그럼에도 불구하고 그가 정식으로 학교 교육을 받은 것은 총 12개월에 불과했다. 그랬기 때문에 1847년 링컨이 국회의원이 됐을 때 국회에 가서 그의 약력을 적어야 했는데 그의 약력을 쓸 것이 없었다고 알려져 있다.

링컨이 대통령 후보로 지명된 후에 말한 내용을 여기에 인용해 보겠다.

"성년이 되었을 때도 아는 게 별로 없었습니다. 하지만 읽고 쓰고 계산하는 세 가지는 할 수 있습니다. 그게 다입니다. 그 뒤로 학교에 다닌 적은 없습니다. 제가 조금이라도 지식을 쌓은 것은 때때로 필요에 따라서 공부를 했기 때문입니다."

/ 링컨의 실패 극복 방법 /

여기서 링컨이 받았던 교육을 실패라고 본다면, 이런 실패에 대한 그의 극복 방법에 대해서 알아볼 필요가 있다. 1) 링컨은 정규 교육면에서 본다면, 확실한 실패자가 분명하다. 2) 가장 소중한 자산을 개발하는 자기 개발에 전력했다는 것을 알 수 있는데, 자기 자신에게 잠재되어 있는 재능을 일깨워서 좋은 기회가 왔을 때 그것을 잡을 수 있도록 준비했다는 것이다. 3) 지식에 대한 애정과 학문에 대한 갈증이 있었다는 점도 이런 실패를 극복하는데 결정적인 역할을 했다고 볼 수 있다.

/ 링컨과 독서 /

링컨 대통령에 대해서 이야기하려면 독서의 힘에 대해서 이야기하지 않을 수가 없다. 첫째로 미지의 세상으로의 문을 열어 주고 링컨을 변화시킨 것으로 독서를 들 수가 있다. 둘째로 25년 동안 독서의 열정으로 살았었다. 셋째로 이솝우화성경 등을 늘 곁에 두고 읽으면서 그 문체와 말하는 방법 자신의 논점을 표현하는 방법들을 배웠다. 넷째로 많은 책을 읽을 수는 없었지만 한 권을 여러 번에 걸쳐서 통독했다는 점을 들 수 있다.

그리고 또 한 가지 언급할 점이 있다. 윌리엄 스콧(William Scott)의 『웅변술 교습서』(Lessons in Elocution)라는 책을 얻게 되었는데, 이 책을 링컨은 열심히 읽어서 여러 가지 좋은 영향을 받았다. 첫째로 이 책은 링컨에게 대중 연설과 현자들의 명연설을 가르쳐 주었다. 둘째로 연설문을 외울 때까지 읽고 또 읽었다는 것이다. 셋째로 일을 할 때도 연설문을 읽느라고 고용주들에게 게으르다고 불평을 듣곤 했다. 넷째로 링컨의 아버지도 타고난 이야기꾼이었기 때문에 아버지로부터 들었던 많은 이야기들을 통해서 연설의 기초를 배웠다고 할 수 있다.

/ 실패한 결혼 생활 /

불행한 결혼 생활에 대해서도 살펴보자. 이것도 일종의 실패라고 할 수 있는데 1842년 링컨은 메리 토드(Mary Todd)라는 여성과 결혼을 했다. 결혼 초기에는 아내가 남편을 격려하고 그의 정치적 야망을 북돋아 주었다. 링컨의 아내 메리는 부유한 집안 출신이었으며, 그녀는 링컨이 백악관에 입성하기를 열렬히 바라던 아내였다. 그래서 링컨에게 정치적인 조언도 자주 해 주었고 여러 가지 선거에서도 적극적으로 도와주었다. 그러나 시간이 지나자 남편이 손님과 함께 있는 상황에서도 커피를 링컨 얼굴에 붓는 등 메리는 여러 가지 이상한 행동들을 많이 하게 되었다. 이러한 행동을 한 이유에 관해서는 여러 가지 이야기들이 있다. 그 중에 한 가지는 링컨이 순회 재판 때문에 자주 집을 비웠고 이에 따라서 아내는 불안하고 외로움을 많이 느꼈다는 것이다. 이렇게 자주 집을 비우는 링컨에게 아내는 자주 화를 내고 폭력적으로 행동했고 끊임없이 불평을 늘어놓고 비판했다는 것이다.

이러한 일종의 실패한 결혼 생활에 대해서 링컨이 어떻게 대처했는지를 알아보자. 첫째로 아내와 함께 있는 시간을 대폭 줄였다는 것이다. 둘째로 저녁마다 법학도서관에서 토론을 하며 시간을 보냈다. 셋째로 인적이 없는 거리를 밤에 산책했다. 넷째로 친구들에게 자주 집에 가기가 너무 싫다고 말하면서 그 친구네 집에서 자고 가는 경우가 비일비재했다고 한다. 이렇게 보면 링컨은 결혼 생활에 있어서만큼은 '잘 실패했다'고 보기는 어려울 것 같다. 링컨의 모든 행동들은 아내와 시간을 보내지 않으려는 목적을 갖고 있었기 때문이다. 오히려 아내와 함께 시간을 보내면서 서로의 고민에 대해 이야기를 하고 소통했다면 어땠을까 하는 생각이 드는 대목이다.

/ 멕시코 전쟁 /

링컨에 대해서 말하려면 멕시코와의 전쟁에 대해서도 이야기를 해야 되는데 첫째로 링컨은 그의 연설에서 멕시코와의 전쟁을 불명예스러운 전쟁이라고 말하면서, 미군을 지옥에서 온 악마라고 불렀다. 그래서 자유의 명분으로 군인들을 멕시코 전쟁에 보낸 미국 국민들의 반발을 사게 되었다. 이를 계기로 하여 일리노이 주 주민들은 링컨을 증오하게 되었고 링컨은 이후 13년 동안이나 그들의 증오의 대상이 되었다.

노예제를 폐지하는 연설(1854년)로 링컨은 특히 유명했는데, 이 연설을 통해서 링컨이 주장했던 것을 살펴보면 최소한 북부 지역에서는 노예제를 철폐해야 한다고 주장을 했었다. 이를 통해서 일리노이 주 상원의원 선거에 출마했지만 초반에 리드를 지키지 못하고 패배하고 말았다. 그러나 국민들은 물론이고 링컨 자신도 노예들의 철폐에 대한 갈망은 점점 커지고 있었다.

╱ 정치적 실패들 ╱

　정치인으로서는 링컨이 좌절과 실패를 맛보게 되었지만, 변호사로서는 연 3,000달러의 수입이 있었기 때문에 어느 정도는 성공했다고 볼 수도 있었다. 그렇지만 그의 결혼 생활은 여전히 불행한 생활의 연속이었다. 이런 것을 보면 링컨 대통령은 정치 생활이나 결혼 생활에 있어서 수많은 실패를 경험한 것을 알 수 있다.

　특히 정치적 적수였던 스티븐 더글라스(Stephen Douglas)라는 사람이 있었는데 일리노이 주의 상원의원 선거에서 민주당 후보로 더글라스가 나왔고 공화당 후보로 무명인 링컨이 출마했다. 선거 기간 동안 격렬한 논쟁을 계속해서 유권자들의 관심은 거의 최고조에 이르게 되었다. 이렇게 더글라스와의 논쟁을 계기로 링컨은 미국인들에게 잘 알려지게 되었고, 그는 노예제도를 '악의 제도'라고 비판함으로써 노예제도에 대한 반대론자로서 일반 사람들에게 각인되는 계기가 되었다. 2년 뒤에 이런 링컨의 노예 제도에 대한 입장이 그의 대통령 선거 당선에 있어서 1등 공신이 되었다.

　링컨은 좋은 아이디어가 생각나면 종이쪽지에 메모해서,

그가 즐겨 쓰던 모자 속에 넣어 두고 다녔다. 링컨은 최선을 다해서 열심히 해도 패배할 수 있다는 사실을 일찍부터 몸소 체험했다. 더글라스와의 경쟁을 벌였던 주 상원 의원 선거에서 패배했지만, 그가 열심히 하지 않아서 패배한 것은 아니었다. 이 패배 이후에 "넘어진 것은 아니야, 단지 미끄러진 것뿐이야!" 라고 링컨 대통령은 이야기를 했었다. 그가 강연회를 준비했지만 정작 강연 회장에는 단 한 명도 오지 않는 최악의 실패도 경험 했었다. 또한 선거에 뛰어들었기 때문에 링컨은 그의 변호사 일을 제대로 할 수 없었고, 이로 인해서 그는 생계마저 걱정해야 되는 처지까지 이르게 되었다.

╱ 링컨의 거듭된 실패들 ╱

여기서 링컨의 연속된 실패들을 정리해 보자. 첫째로 1832년에 실직하게 되었고, 둘째로 1832년 입법부 의원 출마에서 낙선하였다. 셋째로 1833년 사업의 실패했으며 넷째로 1838년 의장 출마했으나 낙선하였다. 다섯 번째로 1854년 상원의원 출마했으나 낙선하였고, 여섯 번째로 1858년도 상원의원에 출마했으나 2차로 낙선하였다. 그렇지만 포기하지 않고, 계속해서 선거에 출마했던 링컨은 2년 후인 1860년에 당당히 대통령 선거에서 승리하여 미국

제 16대 대통령에 당선되었다. 링컨 대통령의 공식적인 실패 횟수는 총 27번이고 이것을 보면 실패를 밥 먹듯이 했다는 것을 알 수가 있다. 남들이 보기에는 이것들은 모두 실패였지만, 링컨 자신은 그저 한번 두 번 혹은 최대 27번 미끄러진 것이라고 여겼다. 이런 마음가짐으로 링컨은 끊임없이 도전하고 노력하고 공부하면서 마침내 미국 대통령이 될 수 있었던 것이다. 성공의 비결을 누가 물어보면 링컨 대통령은 "누구보다 실패를 많이 한 것이 성공의 비결입니다. 실패를 할 때마다 실패에 담긴 뜻을 배웠고 그것을 성공을 향한 징검다리로 활용했습니다."라고 말한 적이 있다.

링컨 대통령에 대한 한 가지 감동적인 일화가 있다. 링컨이 대통령이 되고 나서 한 상원 의원이 링컨의 아버지가 구두 수선공이었던 것을 알게 되었다. 그 상원 의원은 자신이 링컨의 아버지가 만든 구두를 신고 있다고 많은 사람들 앞에서 링컨 대통령에게 말한 적이 있었다. 아마도 그 의원의 속내는 링컨이 비록 대통령에 당선되기는 했지만, 그의 출신은 미천한 구두 수선공의 아들에 불과하다는 점을 많은 사람들 앞에서 드러내고 망신을 주려는 것이었을 것이다. 그러나 이런 상원 의원의 말에 대한 링컨의 응답은 놀라웠다. 링컨은 자신이 어려서부터 아버지를 도와서 구두 수선을 했기 때문에, 상원 의원이 지금 신고 있는 구두도 혹시라도 불편한 점이 있다면 자신이 고쳐 드리겠다고 말했던 것이다. 상원의원의 악의적인 멘트에 링컨 대통령은 진심을 갖고 대응했다는 것을 알 수 있다. 그 결과 오히려 그 상원 의원이 큰 망신을 당하게 되었다.

/ 링컨 대통령의 죽음 /

이제 비극적인 링컨 대통령의 죽음에 대해서 알아보기로 하자. 링컨 대통령의 암살범은 유명한 배우이자 남부 지지자였던 존 부스로 알려져 있다. 존 부스는 워싱턴의 포드 극장에서 연극을 관람하던 링컨 대통령을 노리고 있었다. 경호원이 잠시 자리를 비운 사이 존 부스는 총으로 대통령을 저격하였다. 링컨 대통령은 부스의 총에 맞은 후에 혼수상태로 9시간 지나고 나서 사망했다. 그때가 1865년 4월 15일 오전 7시였다. 암살범 존 부스는 범행을 저지른 후 도주하다가 열흘 뒤에 사살되었다. 존 부스는 왜 링컨 대통령을 암살했을까? 처음에 그는 대통령을 암살할 생각을 하지 않았고 단지 납치할 계획이었다고 한다. 그러나 링컨 대통령이 남부 흑인들에게 토지 소유권과 투표권을 준다고 말하자, 부스는 그의 계획을 바꿔서 대통령을 암살하기로 마음먹었다고 전해진다.

비록 모진 역경을 이겨내고, 수많은 실패들을 딛고 일어선 링컨 대통령이었지만, 이렇게 예기치 않은 비극적인 죽음으로 생을 마감하기도 한다는 사실은 우리에게 많은 것을 가르쳐준다. 암살당했다는 것이 실패인가? 절대로 그렇지 않다. 링컨 대통령의 때 이른 죽음은 분명 인류에게 있어서 크나큰 손실이었지만, 그는 죽은 이후에도 많은 사람들에게 감동을 주고 귀중한 가르침을 주고 있다. 특히 삶 속에서 많은 실패들을 경험하고 좌절하고 낙심하고 있는 사람들에게 링컨이 체험한 실패들은 그 양과 질에 있어서도 우리를 훨씬 능가한다.

실패한 인생을 성공으로!

링컨의 가난했던 어린 시절과 부모님의 직업을 보면 링컨 대통령은 어느 모로 보나 실패로 시작한 인생이라고 할 수 있다. 그러나 링컨은 그런 모든 악조건들에도 굴하지 않고 오히려 그런 조건들을 활용하여 열성적인 독서와 메모 습관을 통해서 스스로의 실력을 다져 나갔다. 타고나면서부터 수없는 실패를 경험했지만 그 실패들은 노력과 의지로 성공으로 만들 수 있다는 것을 링컨 대통령의 삶을 통해서 우리는 분명하게 알 수가 있다.

여기에서 링컨 대통령의 실패로 얼룩진 삶을 다시 한 번 정리해 보기로 하자. 첫째, 출신 배경 자체가 남들이 보기에 실패라고 할 수 있었다. 둘째, 극심한 가난을 체험했기 때문에 교육을 제대로 받을 수 없었다. 셋째, 선거에서의 거듭된 실패도 링컨을 좌절시키지는 못했다. 넷째 탁월한 악조건을 노력과 의지를 통해 성공으로 만들었다.

/ 링컨 대통령의 어록 /

"내가 걷는 길은 험하고 미끄러웠다. 그래서 나는 자꾸만 미끄러져 길바닥 위에 넘어지곤 했다. 그러나 나는 곧 기운을 차리고 내 자신에게 말했다. 괜찮아! 길이 약간 미끄럽긴 하지만 낭떠러지는 아니야! 나는 천천히 걸어가는 사람이다. 그러나 뒤로는 가지 않는다."

"국민의 일부를 처음부터 마지막까지 속일 수는 있다. 또한 국민의 전부를 일시적으로 속이는 것은 가능하다. 그러나 국민 전부를 끝까지 속이는 것은 불가능하다."

"국민의, 국민에 의한, 국민을 위한 정부는 이 세상에서 영원히 사라지지 않으리라는 것을 다짐해야 합니다."

(남북 전쟁이 한창이던 1863년에 링컨 대통령이 '게티스 버그'라는 곳에서 행한 연설문 중에서 발췌)

링컨 대통령은 그야말로 인생 전체가 실패들로 가득 차 있는 인물이었다. 그럼에도 불구하고 그런 수많은 실패들을 항상 공부하고 노력하는 자세로 일관함으로써, 그 실패들을 성공을 위한 '소중한 자산'으로 만들었다. 링컨 대통령은 잘 실패함으로써, 실패가 그의 궁극적인 성공의 디딤돌이 되도록 만들었던 입지전적인 위대한 지도자였다.

토마스 에디슨

토마스 에디슨
(Thomas Edison, 1847-1931)
미국, 발명가

발명왕 에디슨

이번에 잘 실패한 인물로 다룰 사람은 토마스 에디슨이다 그의 본명은 토마스 엘바 에디슨(Thomas Alva Edison)인데 1847년부터 1931년까지 생존했던 인물이다. 그는 84세에 사망했는데, 비교적 장수한 편이라고 하겠다. 에디슨은 이렇게 말한 적이 있다. "왜 포기하는가? 나는 이제 999번의 작용하지 않는 방법을 알아냈을 뿐이다." 이것은 에디슨이 전구에 사용할 필라멘트를 실험하다가 한 말로 알려져 있다. 그는 적어도 999번의 실험을 통해서 안 되는 경우를 알아냈다는 점을 강조하면서 긍정적으로 생각했다는 것을 알 수 있다.

에디슨이라고 하면 '발명왕'이라는 수식어가 떠오른다. 우리들이 알 정도라면 에디슨도 분명히 성공한 인물이다.

이렇게 성공한 발명왕 에디슨이 과연 어떤 실패를 경험했을까? 그리고 그런 실패들을 그는 어떻게 극복하고 발명왕이 되었을까? 필자는 무엇이 에디슨을 발명의 길로 이끌었으며, 어떻게 실패들을 이겨냈는지를 알고 싶다는 생각에서 우리가 살펴볼 인물로 선정하게 되었다.

에디슨의 업적 요약

에디슨의 이룩한 업적을 간략하게 살펴보자. 2차 산업혁명 즉 19세기 말부터 20세기 초 사이에 일어났던 산업혁명의 주역 가운데 한 사람으로서 에디슨은 평생 미국에서 1,093개의 특허를 받았으며, 다른 나라에서 1,239개의 특허를 받았다. 양적인 면과 질적인 면에서 에디슨의 발명은 매우 중요하다. 백열등, 축음기, 영화 등은 20세기 과학 기술 문명의 시대를 열어주는 역할을 담당했다는 점에서 그렇다.

에디슨의 성장 배경

에디슨은 1847년 미국 오하이오 주 밀란(Milan)이라는 곳에서 태어났다. 일곱 형제 중에서 막내였으며 아버지는 목수, 어머니는 교사로 활동했다고 알려져 있다. 어린 시절의 에디슨은 상상력이 풍부하고 기발한 호기심을 가진 어린아이였다. 에디슨의 상상력을 보여주는 일화들이 있는데, 달걀이 부화하는 것에 호기심을 갖고 직접 달걀을 품고 있었던 경우도 있다. 그리고 곡물 창고의 구조에 관심이 있어서 그것을 열심히 파고들다가 곡물에 깔려 죽을 뻔한 경우도 있었다. 사람이 하늘을 날도록 해주는 알약을 개발했다고 하면서, 친구가 이 약을 먹도록 해서 그 친구가 복통을 일으킨 적도 있었다.

/ 학교에서 에디슨의 모습 /

틀에 박힌 학교의 교육은 에디슨의 흥미를 끌지 못했다. 수업 시간에 자기만의 상상의 세계에 빠져 노트에 기계의 그림을 그리는 등의 행동을 했다. 학교 성적은 최하위에 속했고 말썽꾸러기며 문제아로 낙인이 찍히고 말았다. 이렇게 문제아로 낙인을 찍다 보니까 에디슨의 학교 출석률은 점점 낮아졌고 초등학교 3개월 만에 퇴학을 당하게 된다. 선생님은 에디슨의 기이한 행동들을 감당하지 못했던 것이다. 오늘날 교육 심리학에서 말하는 ADHD, 즉 주의력 결핍 장애 및 과잉 행동 장애로 평가될 수도 있다. 에디슨은 호기심이 왕성했지만 이상한 행동들을 많이 했다. 단체생활에 잘 적응하지 못했고 정서 불안의 증세를 보이곤 했다. 탐구심이 왕성하고 적극적이었지만 선생님에게는 상당한 민폐를 끼치는 아이였다.

/ 에디슨을 지탱해준 가정교육 /

학교를 자퇴했기 때문에 에디슨은 정규 교육을 받을 수가 없는 상황이었다. 에디슨에게는 가정교육이 매우 중요한 역할을 했다. 에디슨 어머니의 교육법은 그가 흥미를 느끼는 분야를 중심으로 공부를 시키는 것이었다. 에디슨이 흥미를 갖는 분야의 범위를 점차 확대시켜 나갔으며 9살 때는 리처드 파커(Richard Parker)가 쓴 『자연, 실험, 철학』 (Natural And Experimental Philosophy)이라는 책을 읽으면서 과학에 깊은 관심을 갖게 된다. 10살 때에는 자기 집 지하에 실험실을 만들었다. 에디슨은 이 책에 소개된 모든 실험들을 스스로 다 해 봐야 직성이 풀리는 아이였다.

만일 어머니가 에디슨에게 이런 말을 했다면 어떻게 됐을 것인가? "이 바보 천치야! 학교 공부도 못 따라가니?" 말이 씨가 된다는 옛말이 있다. 어머니가 자주 이런 말을 했다면 에디슨은 심한 열등감에 빠졌을 것이고 스스로를 자책하여 실패자가 되었을 것이다. 어머니는 긍정적인 말을 에디슨에게 많이 해 주었고 이런 격려의 말이 에디슨을 올바른 길로 인도했다.

/ 각인 효과 /

말이 씨가 된다는 말에 대해서 좀 더 살펴보기로 하자 말하는 대로 정말 이루어지는 것일까? 실험에 따르면 "각인 효과"라는 용어가 있다. 귀로 들은 말이 뇌에 전달되어 현실로 되어가는 현상을 말한다. 따라서 어떤 사물에 대해서 "고마워! 사랑해!"라는 좋은 말들을 해주면 '행복유도 신경 물질'이 분비된다고 한다. 그러나 반대로 "힘들어! 죽고 싶어!"라는 말들을 하면 '우울, 좌절유도 신경 물질'이 분비된다고 한다. 뇌는 어떤 일에 대해서 관계된 정보를 먼저 검색해서 반영하기 때문에 실현 가능성이 높아지게 된다. 즉 자꾸 그런 긍정적인 말을 해주면 긍정적인 말대로 현실에서 이루어진다는 것이다.

/ 각인 효과 실험 /

각인 효과를 입증하기 위해 실제로 이루어진 실험에 대

해서 살펴보기로 하자. 어느 한 회사의 구내식당에서 밥을 두 그릇을 떠 놓고 각각 그릇에다 서로 다른 말을 하게 했다는 것이다. 한쪽 그릇에는 그 그릇을 볼 때마다 직원들이 "고마워! 사랑해! 너무 예뻐!"라는 좋은 말들을 하게 했고, 다른 한 그릇에는 "아! 힘들어! 죽고 싶어!" 라는 부정적인 말들을 계속하게 했다는 것이다. 그래서 며칠이 지나자 그 밥들은 각각 다른 효과를 보이기 시작했는데, 좋은 말을 해 줬던 밥에는 하얀 곰팡이가 피었다는 것이다. 즉, 이렇게 사람들이 먹을 수도 있고 몸에도 이로운 곰팡이가 핀 반면에, 부정적인 말을 해 줬던 밥은 검은 곰팡이가 피어서 밥 자체가 썩어 들어가서 아무도 먹지 못하는 그런 밥이 되었다.

이 실험에서도 알 수 있듯이 좋은 말을 해 주고 좋은 말을 듣는 것이 결국 굉장히 긍정적인 효과를 얻게 된다는 것이다. 부정적인 말을 하면 그에 따른 또 부정적인 결과들이 나타나게 된다. 결국 말이 씨가 된다는 조상들의 말이 옳은 것으로 증명되는 그런 실험이라고 할 수 있다.

/ 초등학교 중퇴 후에 에디슨 /

1859년 에디슨이 12살 때부터 그는 기차 안에서 급사로 일하기 시작했다. 자신의 실험 비용을 마련하기 위해서였는데 기차 안을 돌아다니면서 신문과 음식물들을 팔았다. 차장의 허락을 얻어 기차 뒤편에 실험실을 만들어 놓았고, 급사로 일하는 틈틈이 실험에도 몰두할 수가 있었다.

1861년에는 미국의 남북 전쟁이 시작되었고, 이 전쟁에 대한 소식을 담은 신문이 불티나게 팔리게 되었다. 16살 때 에디슨은 인쇄기를 구입하여 신문을 스스로 제작하여 큰 수입을 올리게 된다. 청소년 시절부터 사업 구상에도 적극적인 모습을 보였다. 에디슨은 실험을 할 때도 그 실험에서 만족할 만한 결과를 얻을 때까지는 멈추지 않고 계속 실험을 하는 집념을 가졌던 것으로 잘 알려져 있다.

에디슨의 실패

신문 판매가 점점 많아지고 있을 때 갑작스럽게 사고가 발생하게 되었다. 기차 실험실에서 화재가 발생한 것이다. 차장이 즉시 화재를 진화해서 큰 피해는 없었지만, 차장은 에디슨의 실험 기구들과 약품들을 기차 밖으로 던져 버리고 말았다. 학교 자퇴 이후에 에디슨이 경험한 최대의 실패라고 할 수 있을 것이다.

기차 실험실 화재 사건 이후 매우 우울한 나날을 보냈던 에디슨에게 놀라운 일이 한 가지 발생했다. 당시의 역장으로 있었던 맥켄지(Mackenzie)라는 사람의 두 살 난 아들인 지미(Jimmie)가 열차에 치일 뻔한 것을 에디슨이 구해주는 일이 생겼다. 전신 기술자였던 그 역장은 감사의 뜻으로 에디슨에게 5개월 동안 전신 기술을 가르쳐 주게 된다. 향후 에디슨이 전신 기술자의 경력을 쌓을 수 있었던 결정적인 계기가 된 사건이었다.

전신 기술자 에디슨

16살이 되던 1863년 에디슨은 수습 전기기술자 일을 시작했고, 21세가 되던 1868년에는 보스턴(Boston)에 정착하게 된다. 그리고 자신의 최초의 발명품인 '전기 투표 기록기'를 발명하게 된다. 투표자가 찬성 혹은 반대 버튼을 누르면 자동으로 기록되는 기계인데 국회의원들이 정작 이것을 사용할 필요는 못 느꼈다고 한다. 따라서 이 전기 투표 기록기는 에디슨의 최초의 발명품이었지만 결과는 실패작이 되고 말았다. 이로 인해서 에디슨은 큰 교훈을 얻게 되었는데, 그것은 사람들이 실제로 생활에서 필요로 하지 않는 발명품에는 연연하지 말아야 한다는 것이었다. 이후로 에디슨은 '소비자 중심의 발명품'을 만드는데 주력하게 되었다.

전업 발명가 에디슨

1869년 매디슨은 드디어 전업 발명가로 선언하게 된다. 즉, 다른 일은 하지 않고 오직 발명을 직업으로 해서 살아가기로 했다는 말이다. 1870년 에디슨은 전신 장비를 만드는 공장을 설립하게 된다. 여러 기업의 의뢰를 받아 전신기의 발명이나 개량의 집중했다. 이 분야에 있어서 그의 발명품으로는 인쇄 전신기, 자동 전신기, 4중전신기 등등이 있다.

에디슨의 결혼

1871년 4월 에디슨을 아끼고 사랑했던 어머니가 돌아가시게 된다. 에디슨은 이 당시 메리 스틸웰(Mary Stilwell)이라는 여성과 사랑에 빠지게 되어, 1871년 12월 결혼식을 올리게 된다. 당시 에디슨은 24세였고, 메리는 16세였다. 전신 기술자였던 에디슨은 첫 딸과 큰 아들에게 모스 부호의 점과 선에 해당하는 도트(dot)와 대시(dash)라는 애칭을 붙여 주었다.

잠시 동안의 달콤한 신혼 생활이 끝나자 에디슨은 작업장에서 대부분의 시간을 보내게 되었다. 아내인 메리는 이런 남편 때문에 외로움 속에 지내다 과소비를 하게 된다. 외상 거래 장부로 사치품을 사 모으게 되었고, 이로 인해서 결혼 생활은 더 불행해졌고, 에디슨은 더욱더 실험 생활에 빠지게 되었다. 링컨 대통령의 경우와 마찬가지로 에디슨도 그의 결혼 생활에 있어서의 실패는 슬기롭게 극복한 것 같아 보이지는 않는다.

에디슨의 발명가로서의 특징

근대 사회에서 가장 많은 제품을 개발한 사람이었는데, 그는 2332개의 제품을 개발한 사람으로 알려져 있다. 제너럴 일렉트릭(GE) 회사의 초대 회장이었다. 그러나 에디슨이 실제로 처음 발명해낸 제품은 그리 많지가 않다. 오히려 다른 사람이 이미 발명한 것을 누구나 사용할 수 있도록 '실용화'하고 '상용화'한 사람이 바로 에디슨이었다. 사람들이 사용하는데 있어서 문제가 많았던 발명품들을 개선해서 실용화한 것도 발명이라고 할 수 있기 때문에 에디슨의 이런 상품들이 발명품으로 인정받을 수 있었다. 에디슨의 발명품들은 대부분 전기와 관련된 것들이었고 전구의 경우에도 그가 전구를 최초로 발명한 것은 아니었다. 1880년 미국 특허청에서 백열전구 특허권을 취득한다. "나 토마스 에디슨은 전기 램프를 개선하고 그것을 생산하는 방법까지 발명을 했으며 이 발명의 목적은 백열광을 내는 전기 램프 생산이다." 라고 말했다.

에디슨은 그가 작성한 특허 신청서의 첫 부분에 "나는 나 이전에 마지막 사람이 멈추고 남겨 놓은 곳에서 출발한다." 라고 적었다. 백열전구의 빛을 내는 필라멘트 재료에 대한 실험에서도 계속 재료를 바꿔가면서 약 4만 달러의 비용을 들여가면서 실험을 했고, 총 1200번이 넘는 실험을 거듭한 결과 최종적으로 성공하게 되었다.

에디슨의 발명품들 중에서 상당수는 다른 사람이 취득한 특허 아이템을 개선한 것들이다. 에디슨이 고용한 연구원들이 발명한 것들도 많았다. 에디슨은 자신의 이름으로 이런 발명품들에 대한 특허권을 취득했다. 이에 대해서 "에디슨은 사실상 집합 명사로서 많은 사람들의 이름을 대표한다." 라고 에디슨의 조수였던 직원이 말한 적도 있다.

╱ 백열전구 발명 이야기 ╱

에디슨 이전이나 비슷한 시기에 전구를 발명한 사람들

이 있다. 헨리 우드워드(Henry Woodward), 매튜 에반스(Matthew Evans), 모제스 파머(Moses Farmer), 조지프 스완(Joseph Swan), 윌리엄 소여(William Sawyer), 험프리 데이비(Humphrey Davy), 하인리히 괴벨(Heinrich Göbel) 등이 전구를 이미 발명했다. 그러나 그들의 전구는 빛을 오래 유지하지 못하고 생산비가 높아서 상업성이 떨어졌다. 일반 대중들이 사용할 수 있도록 하는 대규모의 공급이 불가능했던 제품들이었다.

/ 발상의 전환 /

에디슨의 발상에서 새로운 점은 다음과 같다. 고도의 진공 상태에 있는 저항 램프를 발명하는 것이었다. 에디슨의 목적은 전기를 대량 생산하고 공급하는 전체적인 시스템 구축과 빛이 오래 지속되는 전구를 대량으로 생산하는 것이었다. 기업가로서의 에디슨은 발명에서 산업 창출까지 연관시킬 수 있는 탁월한 능력을 가진 인물이었다.

에디슨은 전구에 사용할 필라멘트에 대한 연구를 시작하기 전에 전력 사업 전반에 걸쳐 필요한 시스템을 결정해 두었다. 에디슨이 발명한 전구는 전력 회사에 적합하도록 설

계되었고, 전구를 사용할 고객에게 전력을 공급하도록 전선을 가설할 권리도 확보했으며, 배전 시스템도 완료해 두었다. 다른 과학자들은 제품을 발명하는 데서 그쳤지만 에디슨은 그의 발명품과 연관된 산업을 창출했던 것이다.

처음 백열전구를 만들어서 특허권을 얻었을 때 백열광의 유지 시간은 40시간에 불과했다. 6개월 후에는 1200시간 이상 빛을 유지하는데 성공하게 된다. 에디슨이 윌리엄 소여의 발명을 모방했다고 본 특허국은 소송을 제기했다. 이 소송은 6년 동안 이어졌지만 1889년 법원은 에디슨의 발명을 최종 인정하는 판결을 내리게 된다.

에디슨의 발명품들

에디슨의 수많은 발명품들을 여기에 다 열거하기란 거의 불가능하다. 따라서 그 발명품들 중에서 일부만을 언급하기로 한다. 개량형 금 시세 표시기, 축음기, 탄소 전화기, 영화 촬영기, 영사기, 안전 퓨즈, 믹서, 건조기, 유리 제조기, 평판 유리 제작법, 철로 신호 시스템, 알카라인 축전지, 전기 철로 유리제조기 등이 있다. 에디슨이 발명한 축음기는 포노그래프(phonograph)라고 하는 것인데, 원반 혹은 원통에 홈을

파서 소리를 기록하고 재생할 수 있는 장치를 말한다.

/ 에디슨의 또 다른 실패들 /

에디슨이 시작한 벤처기업들은 모두 실패했다. 원인을 살펴보면, 그는 자금을 모으고 기업을 세우고 수요를 창출하는 방법을 잘 알고 있었지만, 문제는 그의 기업 경영 능력에 있었다. 연구 개발자로서는 탁월한 능력을 가진 에디슨이었지만 전문적인 경영관리자로서는 뛰어나지 못했다. 에디슨이 물러나고 전문 경영자가 영입되고 나서 GE 회사는 흑자로 돌아섰다.

링컨 대통령과 마찬가지로 에디슨도 정규 학교 교육과는 무관한 인물이었다. 전형적으로 자수성가한 인물이다. 무한한 기회의 땅이자 개척자 정신이 좋은 평가를 받는 미국의 정체성과 가치를 가장 잘 구현한 인물로 평가를 받는다.

/ 에디슨의 말 /

"용기를 내십시오. 나는 사업을 하면서 많은 어려움과 좌절을 맛보았습니다. 미국은 늘 어려움을 딛고 일어서서 더욱 강해지고 더욱 번영하게 되었습니다. 뭔가 더 나은 방법이 반드시 있습니다. 그걸 찾으세요. 열심히 일하는 걸 대체할 수 있는 건 세상에 없습니다. 쉼 없는 노력과 지금의 만족하지 않는 태도야말로 진보의 필수 조건입니다. 뭔가를 포기했을 때가 사실은 성공의 문턱 바로 앞이었을 때가 많습니다. 실패는 바로 그런 겁니다. 포기하지 마세요. 용감해 지세요. 굳건한 믿음을 가지고 전진하십시오."

"어머니께서 나를 만드셨다. 어머니께서는 진실하셨고 나를 믿어 주셨다. 덕분에 나는 내가 뭔가를 해낼 수 있다는 느낌을 가졌고, 어머니를 실망시켜 드리지 않아야 한다고 생각했다."

이제 에디슨의 생애를 한번 정리해 보기로 하자. 첫째, 발명왕 에디슨도 실패들을 경험했다는 것을 반드시 기억할 필요가 있다. 둘째, 발명과 산업을 연관시키는 발상의 전환을 이루었다. 셋째, 전에 없던 것을 발명한 것이 아니라 이전에 있던 것을 개선하고 보완하는 능력이 그의 장점이었다. 넷째, 실패를 하나의 배움의 과정으로 보았고, 실험에 대한 열정으로 이 실패들을 극복했다.

제3부

잘 실패하는 법
잘 성공하는 법

잘 성공하는 법

지금까지 우리는 몇 사람의 생애를 살펴보면서, 그들이 겉으로는 사람들에게 성공한 삶을 살았던 사람들로 기억되지만, 사실은 그들 자신들도 온통 실패 투성이의 인생을 살아왔다는 것을 알 수 있었다. 우리에게 주어진 소중한 삶을 우리는 어떻게 살아갈 것인가? 그리고 살아가다 보면 만나게 되는 온갖 실패들을 어떻게 마주해야 할 것인가? 실패 없이 사는 인생이 없는 거라면 우리는 더욱 적극적으로 우리의 인생 속의 실패들을 직시해야 한다. 두려워할 건 없다. 누구나에게 실패들이 찾아오기 마련이라면 정면으로 당당하게 그 실패들을 마주할 수 있는 용기가 있어야 한다. 누가 봐도 실패가 확실한데, 본인만 실패가 아니라고 부정하는 비겁함을 버리고, 자신이 실패했다는 사실을 깨끗이 인정하고 그 실패를 받아들이면서 한 수 배워야 한다. 실패한 이유를 분석하고 다음에는 다시 실패하지 않기 위한 방법을 찾아내야 하는 것이다.

잘 실패하는 법은 성공하기 위한 필수적인 방법을 말한다. 실패를 잘하기만 하면 반드시 성공하게 마련이다. 우리가 매일 같이 만나는 크고 작은 실패들은 분명히 우리를 낙담하게 만든다. 그러나 그런 낙담한 마음에 계속해서 젖어서 자포자기(自暴自棄)할 것인가? 아니면 잠시 동안 낙담하지만 다시 마음을 다잡아서 일어설 것인가? 낙담한 마음을 끌어올려서 다시 한 번 시도해 보는 일이 결코 쉽지는 않지만, 그렇다고 해서 불가능한 것은 아니다. 이것이 가능하다는 것을 페더러가, 잡스가, 모차르트가, 모네가, 라이트 형제가, 그리고 롤링이 분명히 그들의 삶을 통해서 보여주었기 때문이다. 이 사람들은 유명하고 성공한 사람들이 아니냐고 반문할 수 있을 것이다. 그렇지만 그건 정반대이다. 이들이 낙담한 마음을 가다듬고 거의 불가능해 보이는 시도들을 거듭한 결과, 성공에 이를 수 있었던 것임을 명심해야 한다. 실패보다 더욱 힘든 이런 실패 극복의 과정이 이들을 성공한 사람으로 만든 것이다.

한 번의 실패를 용케 버텨내고 다시 새롭게 시작해서 성공했다고 해도, 실패는 여전히 우리 주위를 돌면서 호시탐탐 기회를 노리고 있다. 언제든 우리들에게 달려들어서 우리를 낙심하게 하고 포기하게 만들려고 기회를 보고 있다. 이런 실패들에 대항할 것이 아니라, 그것들을 우리 편으로 만들라. 우리와 함께 인생을 걸어가는 동반자로 삼으라. 실패와 같이 삶의 여정을 걸어가라는 말이다. 실패는 아무리 많이 겪어도 익숙해지지 않는다. 그렇지만 실패를 한 번 두 번 이겨내고 잘 실패하다보면 어느 순간 자기 자신이 실패와의 만남을 좋은 기회로 삼게 되는 것을 발견하게 된다. 즉, 자신이 한 번 더 성장할 수 있는 찬스를 잡게 되었다는 것을 알게 되기 때문이다.

그렇다! 실패는 우리가 한 단계 더 성장할 수 있는 소중한 기회다. 그 기회들이 많이 찾아올 때 우리는 더 많이 발전할 수 있는 것이다. 따라서 실패를 경험했을 때, 우리는 낙심할 것이 아니라 오히려 조금은 기뻐해야 한다. 성장할 수 있는 기회가 왔고, 이 실패를 극복하면 성공으로 가는 길에 한 걸음 더 접근할 수 있게 되는 것이기 때문이다.

우리는 이제부터 어떻게 할 것인가? 여러 가지를 시도하자. 그리고 실패를 많이 맛보자. 첫 맛은 그렇게 달콤하지 않겠지만, "잘 실패한다면" 그 맛이 그렇게 씁쓸하지 만은 않다는 것을 느낄 수 있을 것이다. 그렇다고 해서 우리가 실패하기 위해 애를 써야 한다는 말은 결코 아니다. 물론 늘 성공하기 위해 최선을 다해야 한다. 하지만 우리의 경험으로 알 수 있듯이 그렇게 노력하고 애를 썼는데도 결과는 실패로 돌아오는 경우가 비일비재하다. 이럴 때마다 우리는 기억하자. "잘 실패하는 법"을 떠올리면서 실패의 경험을 잘 이용하자. 그 하나하나의 실패들이 나를 성공으로 인도하는 방향지시등이 되도록 하자. 그래서 우리 모두 결국은 성공의 기쁨을 맛보는 사람들이 되자. 훗날 돌아보면 내가 경험했던 실패들이 달콤하게 느껴질 것이며, 고맙게 생각될 것이다.

실패를 친구로 삼으라. 잘 실패해서 성공하라!

계속 성공하기

잘 실패해서 한 번 성공을 했다고 치자. 누구에게나 한 번의 성공 기회는 찾아오기 마련이다. 하지만 그런 성공을 계속해서 유지할 수 있느냐는 전혀 다른 이야기다. 가수들은 일반적으로 엄청나게 히트를 친 히트곡을 한 개 정도는 갖고 있기 마련인데, 그런 가수들 중에서 대부분은 그 하나의 히트곡으로 그들의 가수로서의 경력을 끝내버리게 된다. 그런 가수들은 자신들을 소개할 때 '가수'라고 소개하지만 세월이 지났고, 사람들의 기억에서 자신들이 거의 잊혀 졌다는 것을 안다. 그들이 히트 시켰던 노래만으로 어렴풋이 기억되곤 한다. 이것은 엄밀한 의미에서 성공이라고 볼 수 없다. 즉, 일회성 성공은 진정한 의미에서의 성공이라고 할 수 없다는 말이다. 성공을 지속적으로 영위해 나가지 못하고 한 번 성공한 것에 그치는 것은 일종의 '실패'라고 볼 수 있다.

결국 이것은 '잘 실패한 것'이 아니다. 실패를 잘 한다는 것은 자신이 겪은 실패들을 잘 극복하는 데서 그치는 것이 아니라, 그렇게 극복한 후에 오는 '성공'을 지속가능한 성공으로 만드는 것까지를 포함하는 것이다. 일회성의 성공이 큰 의미가 없는 이유가 바로 이것 때문이다. 한 번 성공해서 기쁨을 맛보는 것은 음식으로 치면 식료품 판매대에서 맛있는 음식을 한 번 맛보는 것에 불과하다. 궁극적으로 그 음식을 계속 먹을 수 있어야 하지 않겠는가? 실패의 경험을 통해서 잘 실패함으로써 '성공'을 하게 되었다면 그때부터 잘 실패하는 법의 제 2장이 시작된다고 보면 된다. 성공하게 되기까지 자기 자신이 철칙처럼 지켰던 것들을 상기하고 그것들을 게을리 하지 말아야 한다는 말이다. 한 번의 성공이란 우리에게는 달콤한 유혹과도 같다. 그 유혹에 넘어가면 한 번의 성공 이후에는 아무런 성공이 보장되지 않으며, 오히려 비극적인 '대실패'의 처참한 나락으로 떨어질 가능성이 높다.

　　어떤 축구팀이 유능한 감독의 지도를 받고, 열심히 연습을 해서 큰 대회에 나가게 되었다. 평소에 배웠던 기술과 다듬었던 전술들을 기억하고 선수들은 경기에 임했고 최선을 다했다. 그 결과 그 대회에서 영광스러운 우승 트로피를 차지하게 되었다. 우승한 날 그 축구팀은 전체 회식을 했고, 이어지는 축하 파티에서 마음껏 마시고 춤추면서 그들의 승리를 자축했다. 그런데 흥미롭게도 그 파티 자리에 불참한 사람이 딱 한 사람 있었다. 그는 바로 그 축구팀의 감독이었다. 감독은 자신이 축하 파티 자리에 참석하지 못한다고 미리 선수들에게 알려주었지만, 이 소식을 들은 선수들의 실망감은 무척이나 컸다. 선수들은 그들을 성심껏 지도해 준 감독과 함께 그날의 우승의 기쁨을 만끽하고 싶었기 때문이었다.

그럼 대체 이 축구팀의 감독은 우승 축하 파티 자리에 불참하고 어디에 갔던 것일까? 그는 그의 선수단 숙소의 감독실로 갔고, 거기서 아주 중요하게 할 일이 있었다. 그것은 결승전 경기의 동영상을 다시 보면서, 경기를 면밀히 분석하는 일이었다. 물론 이런 일은 축하 파티가 끝난 다음 날이나 또는 주말에 해도 된다고 생각하는 사람들도 있겠지만, 이 감독은 그렇게 생각하지 않았다. 비록 이번 대회에서는 그의 팀이 승리하고 우승했지만, 이런 승리와 기쁨이 다음 대회에서도 계속되리라고는 아무도 보장할 수 없다는 것을 감독은 잘 알고 있었다. 아직 우승의 기쁨이 가시지 않았을 때야말로 그날의 경기에 대한 기억이 가장 생생한 시간인 것이다. 그리고 이 사실을 감독은 알고 있었다. 결승전 경기의 세밀한 부분까지 완벽하게 기억할 수 있는 시간은 그날 저녁이 아니면 안 되는 것이었다.

감독은 그날의 경기 동영상을 다시 보면서, 그의 팀이 어떤 점을 잘했고, 또 어떤 점에서 실수를 했는지를 면밀히 분석하기 시작했다. 즉, 승리하는데 기여했던 부분들과 자칫 패배로 이어질 수도 있었을 부분들에 대해서 정리했다. 그는 여기서 그치지 않고, 이어서 상대팀의 잘한 부분들도 짚어가기 시작했다. 물론 상대팀의 실수들도 놓치지 않고 기록했다. 상대팀은 오늘 경기에서 패했지만, 그럼에도 불구하고 잘했던 부분은 배우려고 노력하는 것이다. 동시에 그들이 실수했던 부분들은 그의 팀 선수들도 똑같이 실수할 수 있는 가능성이 있다고 보고, 꼼꼼히 정리했다.

이렇게 감독은 모든 정리를 끝내고 새벽이 되어서야 감독실을 나설 수 있었다. 마음속에는 물론 우승한 것에 대한 만족감과 기쁨이 넘쳤지만, 이렇게 그날 경기 영상을 세심하게 분석함으로써, 다음 대회에서도 같은 기쁨을 맛볼 수 있는 준비를 마쳤다는 생각에 더욱 뿌듯함을 느꼈다.

그렇다. 경기에서 승리할 수도 있고, 그런 승리들이 이어져서 최종적으로 우승도 할 수 있다. 그렇지만 그런 승리와 우승은 일회성에 그치고 마는 경우가 허다하다. 승리감에 도취된 나머지, 다음에 열릴 대회의 경기를 준비하는 일에 소홀히 한다면 그런 승리는 계속될 수 없기 때문이다. 나는 이 책을 읽는 독자들 모두가 '잘 실패해서 성공하기를' 바란다. 그렇지만 그 성공은 한 번에 그치는 성공이 되어서는 절대로 안 되는 것이다. 어떤 분야에서든 성공을 한다는 것은 물론 어려운 일이지만, 그 성공을 계속 이어나가는 것은 더더욱 어렵다. 한 번의 성공으로 끝났던 가수들을 떠올려보고, 하나의 유행어를 만들고 그만 무대에서 사라졌던 개그맨들을 기억해야 한다. 왜냐하면 그것은 그들만의 이야기가 아니라, 자칫 방심하면 바로 우리의 이야기가 될 수도 있기 때문이다. 또한 한 번의 대박을 냈던 음식점들과 인기가 폭발했던 유명 회사의 상품들을 잊지 말아야 한다. 그들이 과거의 영광을 씁쓸하게 떠올리며 힘들게 살아가고 있다면, 그것은 그들이 거둔 한 번의 성공을 '지속적인 성공'으로 만들지 못했기 때문이다. 즉, '잘 실패하지 못했기 때문'인 것이다. 이렇듯 잘 실패하는 것은 일회성 성공을 지속성 있는 성공으로 만드는 것까지를 모두 포함한다.

이것은 성공을 거둔 뒤의 자세가 그만큼 중요하다는 것을 우리에게 가르쳐주고 있는 대목이다. 성공의 지속 가능성은 그 성공을 맛본 당사자가 성공 이후에 어떤 자세를 취하느냐에 달려 있다. 성공의 기쁨을 맛보는 순간부터 다음의 성공을 위한 준비과정은 이미 시작되어야 한다. 그럼 언제 쉬느냐고 반문할 수 있을 것이다. 그러나 쉰다는 것은 아무 것도 하지 않는 것을 의미하는 것이 아니다. 진정한 쉼은 자신이 하고 있는 모든 것을 중지하는 것이 아니라, 잘하고 있는 것에 대한 결과로 성공이 찾아왔을 때, 그 성공을 지속해 나가기 위해 준비하는 과정이 바로 쉬는 것이다. 성공하기 전까지 노력했던 것이 성공을 위한 준비였다면, 성공한 이후의 노력은 '성공의 지속'을 위한 준비과정이다. 그리고 여기에는 엄연한 차이가 있다. 성공하기 전에 노력했던 과정에서는 자신이 과연 성공할 수 있을까 하는 의구심이 들게 되지만, 성공한 후에 그 다음의 성공을 위해 준비하는 과정에서는, 이미 한 번 성공을 했기 때문에 또 다시 성공할 수 있다는 확신이 생기게 되고 이 확신을 바탕으로 노력하게 된다는 점에서 그렇다.

계속 성공을 하고 있다면 그 다음은?

'잘 실패하는 법'을 터득했다면 당신은 반드시 성공할 수 있다. 그렇지만 그 성공은 그 이후에도 계속해서 지속되어야 한다고 앞에서 이미 말했다. 그러기 위해서는 성공 후에 반드시 다음의 성공을 위한 준비를 게을리 하지 말아야 한다고도 말했다. 이 점을 잊지 않고 실행한다면 당신은 잘 실패하고, 그래서 성공하고 동시에 계속해서 성공하는 사람이 될 것이다. 이렇게 지속적인 성공을 하는 사람이 되었다면 당신은 반드시 해야 할 일이 있다. 그것은 그 계속되는 성공으로 따라오는 성공의 열매들을 사용해서 다른 많은 사람들에게 도움이 되는 삶을 사는 일이다. 결국 우리에게 주어진 소중한 인생은 남들에게 도움을 줄 수 있는 삶을 살 때 진정으로 가치 있는 인생을 살았다고 할 수 있기 때문이다.

궁극적으로 '잘 실패하는 법'은 성공을 위한 필수적인 방법을 말하며, 지속적인 성공을 포함한다고 했는데, 이렇게 지속적인 성공은 또한 이기적인 삶이 아니라 이타적인 삶을 사는 것을 최종 목표로 한다. 남들에게 도움이 되는 삶을 사는 것이야말로 잘 실패하는 법의 최종적인 단계인 것이다. 우리의 성공한 삶을 통해서 남들에게 봉사하고 힘이 되는 인생을 살아야 한다는 말이다. 함께 살아가는 이 세상에서 나만 잘 먹고 잘 사는 것은 결코 성공한 사람의 모습이라고 할 수 없기 때문이다.

이 책을 읽는 독자들이여!
잘 실패하라!
그래서 성공하라!
또한 계속해서 성공하라!
그리고 궁극적으로 남에게 도움이 되는 삶을 살라!
이것이야말로 진정한 삶의 모습이다!

참고문헌

월터 아이작슨, 안진환 옮김,『스티브 잡스』(민음사, 2011)
모리 츠요시, 박재현 옮김.『틀려도 좋지 않은가』(샘터, 2017)
샤를 페팽, 허린 옮김.『실패의 미덕』(마리서사, 2017)
Bowers, Chris. Roger Federer: The Definitive Biography
　　　　　(John Blake Publishing, 2021)
Swafford, Jan. Mozart: The Reign of Love (Faber, 2020)

잘 실패하는 법
──── *How to Rise from Failure* ────

초판 2쇄 발행일	┃ 2024년 3월 22일
지은이	┃ 장석정
펴낸이	┃ 한선희
편집/디자인	┃ 정구형 이보은
마케팅	┃ 정찬용 정진이
영업관리	┃ 한선희 김형철
책임편집	┃ 정구형
인쇄처	┃ 으뜸사
펴낸곳	┃ 국학자료원 새미 (주)
	등록일 2005 03 15 제251002005000008호
	경기도 고양시 덕양구 권율대로 656 원흥동 클래시아 더 퍼스트 1519,1520호
	Tel 02-442-4623 Fax 02-6499-3082
	www.kookhak.co.kr
	kookhak2010@hanmail.net
ISBN	┃ 979-11-6797-123-4 *03190
가격	┃ 18,000원